"a Je[...]te no[...]i-no trata dessas questões práticas e de outras mais neste excerto da sua obra clássica *As institutas da religião cristã*. Amo este livreto e, de coração, endosso esta impressão sensatamente traduzida e editada que deixa Calvino mais acessível ao leitor moderno."

— **Dr. Joel R. Beeke,** presidente do Puritan Reformed Theological Seminary, em Grand Rapids, Michigan.

"Nós estamos vivendo em uma era de ouro da publicação cristã. Leitores têm sido supridos com novos trabalhos escritos aqui no século XXI e, talvez ainda mais importante, com clássicos. Este livro é um desses clássicos, e sou grato a Aaron Denlinger e Burk Parsons por permitirem que os cristãos atuais o descubram. Oro para que nos abençoe assim como abençoou muitos dos nossos antepassados."

— **Tim Challies,** blogueiro em challies.com, em Toronto, Canadá.

"Eu frequentemente pensava: 'Amaria retraduzir para o século XXI o material formador que se acha no Livro 3, Capítulos 6–10, das *Institutas* de Calvino', porém não fiz nada! Mas, agora, Burk Parsons e Aaron Denlinger fizeram o trabalho por todos nós. Devemos a eles um grande 'obrigado', porque todo cristão precisa ter um conhecimento prático deste livreto."

— **Dr. Sinclair B. Ferguson,** professor assistente no Ligonier Ministries.

"A suave e prazerosa escrita de Calvino em latim encontrou uma tradução igualmente suave e prazerosa neste livreto. Isso, por certo, é uma conquista, a qual ajudará muitos a aproveitar ainda mais a mensagem atemporal que este tesouro contém."

— **Dr. Herman J. Selderhuis,** professor de História da Igreja na Theological University Apeldoorn, em Apeeldoorn, nos Países Baixos.

"O tratamento de Calvino sobre a vida cristã no Livro 3 das *Institutas* é um tesouro. Por mais de 500 anos, os cristãos têm-se beneficiado do modo claro como Calvino descreve a vida cristã marcada pelo abnegar-se e pelo carregar a cruz em união com Jesus Cristo. A nova tradução deste clássico cristão é uma adição bem-vinda às publicações mais antigas da descrição magistral que Calvino faz de uma vida em conformidade com Cristo."

— **Dr. Cornelis P. Venema,** presidente e professor de Estudos Doutrinários no Mid-America Reformed Seminary, em Dyer, Indiana.

JOÃO CALVINO

A ESSÊNCIA DA PIEDADE

✠

FIEL
Editora

Dados Internacionais de Catalogação na Publicação (CIP)
(Câmara Brasileira do Livro, SP, Brasil)

```
Calvino, João, 1509-1564
   A essência da piedade / João Calvino ; tradução
Michelle Cristine Semente Valle. -- São José dos
Campos, SP : Editora Fiel, 2024.

   Título original: A little book on the Christian
life.
   ISBN 978-65-5723-351-1

   1. Calvino, João, 1509-1564 2. Discipulado
(Cristianismo) 3. Discípulos 4. Piedade -
Cristianismo 5. Vida cristã I. Título.

24-208617                                    CDD-248.4
```

Índices para catálogo sistemático:

1. Piedade : Vida cristã : Cristianismo   248.4

Tábata Alves da Silva - Bibliotecária - CRB-8/9253

A ESSÊNCIA DA PIEDADE
Traduzido do original em inglês:
A Little Book on the Christian Life
Copyright © 2017 por Aaron Clay
Denlinger and Burk Parsons.

■

Originalmente publicado em inglês por
Ligonier Ministries,
421 Ligonier Court, Sanford, FL 32771
Ligonier.org
Traduzido com permissão. Todos os
direitos reservados.

Copyright © 2023 Editora Fiel
Primeira edição em português: 2024
Todos os direitos em língua portuguesa
reservados por Missão Evangélica Literária.

Proibida a reprodução deste livro por quaisquer meios, sem
a permissão escrita dos editores, salvo em breves citações,
com indicação da fonte.

Os textos das referências bíblicas foram extraídos da versão
Almeida Revista e Atualizada, 2ª ed. (Sociedade Bíblica do
Brasil), salvo indicação específica.

■

Diretor: Tiago J. Santos Filho
Editor-chefe: Vinicius Musselman Pimentel
Editor: André G. Soares
Coordenação Gráfica: Gisele Lemes,
                     Michelle Almeida
Tradução: Michelle Cristine Semente Valle
Revisão: Gabriel Lago
Capa e diagramação: Rubner Durais
ISBN brochura: 978-65-5723-351-1
ISBN e-book: 978-65-5723-352-8

Caixa Postal 1601 | CEP: 12230-971
São José dos Campos, SP
PABX: (12) 3919-9999
www.editorafiel.com.br

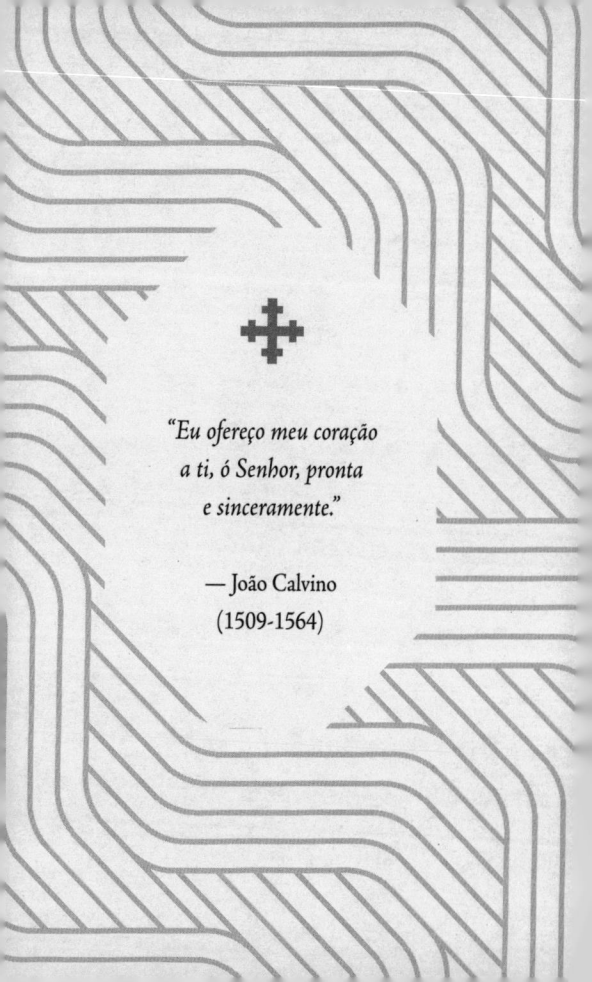

"Eu ofereço meu coração a ti, ó Senhor, pronta e sinceramente."

— João Calvino
(1509-1564)

Sumário

Prefácio	11
1. O chamado das Escrituras para a vida cristã	27
2. A abnegação na vida cristã	49
3. Carregar nossa cruz é parte da abnegação	97
4. Meditação sobre nossa vida futura	139
5. Como a vida presente e seus confortos devem ser usados	167
Índice bíblico	191
Sobre a tradução da edição em inglês	195

Prefácio

O ensino sobre a vida cristã neste livro é extraído do trabalho teológico mais famoso de João Calvino, *As institutas da religião cristã*. As *Institutas* de Calvino passaram por múltiplas edições durante a sua vida, cada uma incorporando adições substanciais para o trabalho. A primeira edição apareceu em 1536, aproximadamente um ano depois da ida de Calvino da França para o porto seguro da cidade suíça de Basel. Calvino tinha 27 anos e apenas alguns anos de estudo autodidático da teologia quando as *Institutas* foram publicadas pela primeira vez, um fato frequentemente citado para desmoralizar aspirantes a teólogos de meia-idade ou para intimidar os mais novos para uma maior produtividade. Além do mais, a primeira edição das *Institutas* foi apenas um esboço do que o trabalho se tornaria ao ser ajustado e expandido pelo reformador nas próximas duas décadas.

Aquela primeira edição continha apenas seis capítulos, os quais abordavam as bases da fé cristã, em contraste com os 80 capítulos, divididos em quatro livros, que constituiriam a edição latina final do trabalho de Calvino, em 1559.

A primeira edição das *Institutas* prometeu no seu título um "sumário completo da piedade", além de "o que for necessário saber sobre a doutrina". Aparentemente, o jovem reformador logo percebeu que prometera mais do que havia entregado em seu trabalho. Em 1539, ele publicou uma segunda versão substancialmente expandida das *Institutas*, a qual, "finalmente", como seu nome revisado prometeu, "correspondia de fato ao seu título". Para nossos propósitos, a adição mais intrigante à segunda edição foi o capítulo intitulado "*De vita hominis christiani*" (Sobre a vida do homem cristão). Esse capítulo incluiu, numa forma relativamente madura, tudo o que Calvino diria sobre a vida cristã nas edições subsequentes — em latim e francês — das *Institutas*.

O valor desse capítulo "sobre a vida do homem cristão" como um tratado em si mesmo, independente do seu contexto mais amplo nas *Institutas*, foi rapidamente percebido depois da publicação de 1539 das

Institutas. Em 1540, um huguenote parisiense (e futuro mártir) chamado Pierre de La Place traduziu o capítulo para o francês, um ano antes de Calvino completar sua primeira edição em francês das *Institutas* inteiras. A tradução de La Place nunca foi publicada, embora tenha circulado o suficiente para garantir um lugar na Lista de Livros Proibidos da Universidade de Paris, alguns anos mais tarde. Em 1549, uma tradução inglesa do capítulo feita por Thomas Broke, um reformador inglês amplamente desconhecido, foi publicada em Londres com o título de *Of the life or conversation of a Christian man* (Da vida ou hábito de um homem cristão). Esta, de maneira intrigante, foi publicada mais de uma década antes de ser impressa a edição completa em inglês das *Institutas* de Calvino.[1]

Calvino autorizou uma edição latina independente do seu trabalho sobre a vida cristã em 1550, o mesmo ano em que a quarta edição latina das *Institutas* apareceu. O título daquele tratado independente em latim — traduzido como *Um livreto insigne sobre a vida de um homem cristão* (*De vita hominis christiani, insigne opusculum*) — talvez tenha sido decidido pelo editor, mas é

---

1 Informações históricas mais detalhadas quanto à história da publicação do trabalho de Calvino sobre a vida cristã podem ser encontradas em David Clyde Jones, *The Curious History of John Calvin's Golden Booklet of the Christian Life*, Presbyterion 35/2 (2009): 82-86. O martírio de Pierre de La Place está descrito no livro *Book of Martyrs*, de John Foxe (Londres: Knight and Son, 1854), 204-06.

notável porque, muito provavelmente, serviu como base para as muito posteriores designações holandesas e inglesas do trabalho de Calvino sobre a vida cristã como o "Livreto de Ouro".

De vita hominis Christiani, insigne opusculum, de 1550, foi publicada em Genebra, lugar que Calvino chamou de casa desde 1541 até a sua morte em 1564. Genebra, da mesma maneira, serviu como base para as publicações do trabalho de Calvino sobre a vida cristã em francês (*Traicte tresexcellent de la vie chrestienne*), em 1550 e 1552, e para a publicação do seu trabalho sobre a vida cristã em italiano (*Breve et utile trattato de la vida de l'huomo christiano*) em 1561, antes — como foi o caso em inglês — da publicação de uma tradução completa em italiano das

Institutas. Todas as traduções subsequentes do trabalho de Calvino sobre a vida cristã que datam do início da idade moderna, não obstante a língua, seriam incorporadas às tiragens das *Institutas* completas (das quais havia muitas), com a possível exceção de uma tradução para o inglês do trabalho independente, publicada em 1594.

Em meados do século XIX, no entanto, seria renovado o interesse em traduzir e publicar o trabalho de Calvino sobre a vida cristã como um tratado independente. Em 1857, um holandês chamado Petrus Georg Bartels publicou a tradução alemã desse trabalho de Calvino com o título *Büchlein vom Leben eines Christenmenschen* (Livreto sobre a vida de um homem cristão). Traduções sucessivas em holandês da versão alemã do trabalho de Calvino feita por Bartels seguiram em 1858 e 1859, sob o título *Johannes Calvijn's gulden boekske, over den regt christelijken wandel* (O livreto de ouro de João Calvino sobre a caminhada cristã).

O século XX testemunhou múltiplas impressões e edições do *Gulden Boekske* (1906, 1938, 1950 e 1983). Dada a popularidade de que o trabalho de Calvino sobre a vida cristã desfrutou como tratado independente nos círculos holandeses reformados do século XX, não é surpresa que tenha sido um holandês quem produziu, em 1952, uma versão em inglês desse pequeno tratado de Calvino, com o título *The Golden Booklet of the True Christian Life* (O livreto de ouro da verdadeira vida cristã). O holandês mencionado, Henry Van Andel, imigrou para os Estados Unidos em 1909 e trabalhou como professor de Língua, Literatura e Cultura Holandesa no Calvin College de 1915 a 1950. O trabalho de Van Andel, porém, não era meramente uma tradução das versões holandesas de título similar. Era, antes, uma nova tradução da seção sobre a vida cristã das edições definitivas em latim (1559) e francês (1560) das *Institutas*. O trabalho de Van Andel se depararia, um dia, com múltiplas edições e seria, de maneira um tanto curiosa, traduzido do inglês para muitas outras línguas.

Foram feitas traduções mais recentes do trabalho de Calvino sobre a vida cristã. Em 2002, Elsie Anne McKee, professora de Estudos Reformados e História do Culto no Princeton Theological Seminary, incluiu trechos do trabalho de Calvino sobre a vida cristã numa antologia dos escritos do reformador acerca da devoção pastoral. Em 2009, a Banner of Truth Trust produziu uma nova tradução do trabalho de Calvino sobre a vida cristã, a qual se baseou na edição francesa final das *Institutas* e foi concluída por Robert White, com o título *A Guide to Christian Living* (Um guia para a vida cristã).

No entanto, a tradução de Van Andel permanece como a edição padrão do trabalho de Calvino sobre a vida cristã enquanto tratado independente. Esse fato pode parecer curioso para aqueles que comparam a tradução de Van Andel com o trabalho original de Calvino em latim ou francês, ou até mesmo com os capítulos relevantes nas mais conhecidas traduções para o inglês das *Institutas* completas. Apesar da sua intenção, declarada no prefácio de seu trabalho, de seguir o texto original "o mais próximo possível", Van Andel tomou consideráveis liberdades com o texto de Calvino, tanto na forma como no conteúdo. No tocante à forma, Van Andel subdividiu os próprios parágrafos de Calvino em discretas seções enumeradas, frequentemente produzindo, no processo, parágrafos gramaticalmente problemáticos, compostos apenas de uma ou duas orações, e, o que era ainda mais problemático, obscurecendo o fluxo do argumento de Calvino. Em relação ao contexto, o trabalho de Van Andel também é frequentemente lido mais como uma paráfrase de Calvino do que uma tradução em si. Van Andel, em seu próprio depoimento, procurou conservar o "sentido" de Calvino, buscando, porém, verter esse sentido em uma "linguagem imaginativa". No fim, contudo, a compreensibilidade e a ornamentação parecem solapar a fidelidade ao original de Calvino em sua tradução. Com todo o devido respeito à intenção de Van Andel, concordamos com o posterior estudioso de Calvino T. H. L. Parker, o qual, em referência ao trabalho de Van Andel, observou que qualquer um que deseje "conhecer e entender o que Calvino escreveu sobre a vida cristã será bem aconselhado a não buscar isso por meio dessa edição [de Van Andel]".[2]

Consequentemente, acreditamos que a igreja será bem servida com uma nova tradução do trabalho de Calvino sobre a vida cristã — uma tradução baseada principalmente na edição final e definitiva em latim das *Institutas* de Calvino. Nosso objetivo ao executar esse projeto foi produzir uma tradução com a qual acreditamos que Calvino ficaria satisfeito. Nós, em outras palavras, tivemos como objetivo a fidelidade não apenas ao propósito de Calvino, mas também às suas próprias palavras, na medida do possível. Empenhamo-nos em fazer o propósito

---

[2] T. H. L. Parker, "Review of John Calvin, *Golden Booklet of the True Christian Life*, trans. by H. J. Van Andel", em *Evangelical Quarterly* 24 (1952): 185-86.

de Calvino o mais claro possível aos leitores modernos. Nossos esforços nos exigiram quebrar algumas das mais longas sentenças de Calvino em orações menores, introduzir mais quebra de parágrafos do que havia no trabalho de Calvino e substituir alguns pronomes pelos seus referentes anteriores, com o objetivo de maximizar a clareza. Nós também, de modo consistente, optamos por usar termos equivalentes no inglês às palavras e frases latinas que fossem familiares a leitores modernos, mesmo quando isso, às vezes, significasse evitar algum termo do inglês que derivasse ou fosse cognato de uma palavra latina.

A leitura atenta e deliberada das palavras de Calvino sobre a vida cristã que esse projeto exigiu de nós foi mais recompensadora do que qualquer um de nós poderia prever. As sessões de tradução regularmente evoluíam para — ou, talvez, se degeneravam em — longas discussões de apontamentos específicos feitos por Calvino a respeito das realidades da vida cristã. Entre essas discussões, Calvino frequentemente parecia ser mais um parceiro presente de conversa do que o autor morto e enterrado dos textos diante de nós. Esperamos que outros, ao lerem este trabalho, sintam Calvino conversando com eles — confortando-os e exortando-os — tão poderosamente como nós o experimentamos ao laborar nesta obra.

Desejamos, enfim, expressar nossa gratidão a Thomas Brewer pela sua perspicácia editorial inestimável e pela assistência na produção deste livreto. Sem a sua ajuda, este livro não seria o que é.

— Aaron Clay Denlinger e
Burk Parsons

Capítulo 1

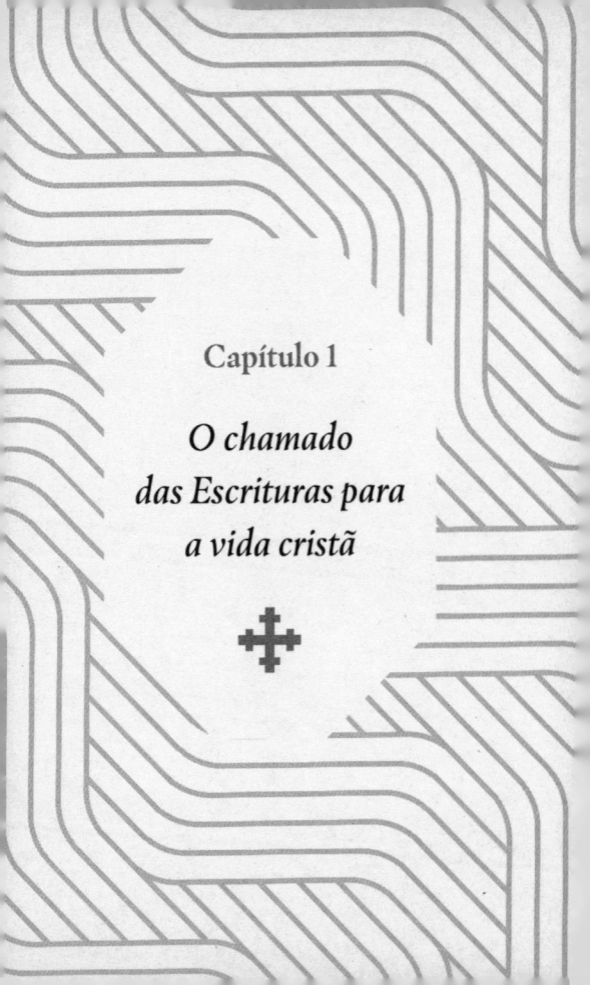

*O chamado
das Escrituras para
a vida cristã*

O objetivo da obra de Deus em nós é trazer nossa vida para a harmonia e concordância com a sua própria justiça, a fim de manifestar para nós mesmos e outros nossa identidade como seus filhos adotados. Descobrimos, na Lei de Deus, a imagem dele mesmo, à qual somos progressivamente conformados. No entanto, como somos preguiçosos e precisamos ser estimulados e encorajados, será útil construir, neste trabalho, um modelo de maturidade cristã a partir de várias passagens da Escritura, para que aqueles que possuem um coração verdadeiramente arrependido não se percam no caminho que leva a uma maior conformidade com a imagem de Deus.

Eu sei que, ao lidar com o tópico da maturidade na vida cristã, estou entrando num assunto vasto e complexo. Mesmo que eu apenas resumisse tudo o que foi escrito por outros acerca desse tema, o resultado seria um volume longo e denso. Gerações anteriores de teólogos escreveram grandes trabalhos sobre as virtudes individuais, mas não pouparam palavras. Quando alguém busca descrever e recomendar uma virtude particular, é como se sua caneta espontaneamente o levasse a escrever um longo texto, por causa da importância do assunto. Com efeito, uma pessoa não parecerá ter descrito uma virtude em particular de maneira suficiente a menos que escreva extensamente.

Neste trabalho, porém, não é minha intenção dizer muito, nem discutir cada virtude em detalhes, tampouco me desviar para longas exortações. Tais exortações podem ser encontradas nos escritos daqueles que viveram antes de nós, especialmente nos sermões dos Pais da Igreja. Meu objetivo aqui é simplesmente apresentar para os piedosos um modelo para que ordenem a própria vida. O que pretendo é identificar certo princípio universal para guiar os cristãos em seus deveres. Talvez, no futuro, eu tenha tempo para tratar do assunto das virtudes cristãs de modo mais completo. Pode ser que outros mais adequados à tarefa o façam. Por natureza, amo a brevidade, de sorte que é provável que, mesmo que tentasse escrever mais extensamente, eu não obtivesse êxito em meus esforços. Seja como for, ainda que um trabalho mais longo sobre a vida cristã valesse o empenho, eu hesitaria em dedicar-me a ele agora, uma vez que o propósito desta obra é apresentar a doutrina de forma simples e concisa.

Quando filósofos escrevem sobre a vida virtuosa, identificam certos objetivos primários para o ser humano, tais como a integridade e a honra, das quais derivam deveres específicos e um coro inteiro de virtudes remanescentes. Mas a Escritura tem sua própria ordem e plano, os quais são mais belos e certos do que qualquer outro método filosófico. Os filósofos, querendo chamar atenção para si, esforçaram-se para ser claros — claros, na verdade, na exibição de suas próprias habilidades retóricas. Porém, o Espírito de Deus é desprovido dessa motivação em seus ensinamentos. Ele, portanto, não seguiu o método específico dos filósofos, embora tenha revelado a verdade clara o suficiente para nos impedir de menosprezar a clareza.

Há duas outras partes da instrução das Escrituras sobre a vida cristã, que são as que se seguem. A primeira é que o amor à justiça — à qual não somos naturalmente propensos — deve ser implantado e derramado em nosso coração. A segunda é que precisamos de alguns modelos que nos previnam de nos perder em nossa busca pela justiça. A Escritura contém muitos argumentos para nos encorajar no caminho da justiça. Muitos desses argumentos apresentei em outros lugares,[3] enquanto outros apresento aqui.

---

3 Por exemplo, na discussão de Calvino sobre a majestade de Deus (*Institutas* 1.1.2-3) e em sua discussão sobre a conversão (*Institutas* 2.3.6).

A essência da piedade

Para começar, qual melhor base podem as Escrituras dar para a busca da justiça do que nos dizer que deveríamos ser santos porque o próprio Deus é santo? Além disso, quando estávamos espalhados e vagando como ovelhas, perdidos no labirinto do mundo, Deus nos encontrou e nos reuniu consigo. Quando contemplamos nosso relacionamento com Deus, lembremos que a santidade é o laço da nossa união com ele — não porque, evidentemente, entramos em comunhão com ele pelo mérito de nossa própria santidade. Antes, nós primeiramente nos agarramos a ele e, então, havendo recebido sua santidade, seguimos para onde ele nos chamar; visto que é característico de sua glória que ele não tenha comunhão com o pecado e a impureza. A santidade é o objetivo do nosso chamado. Assim, por coerência, devemos ter em vista a santidade caso queiramos responder corretamente ao chamado de Deus. Para qual propósito Deus nos tirou da maldade e da poluição deste mundo, nas quais estávamos submersos, se nós nos permitimos nadar nelas pelo resto de nossa vida?

Ademais, se nos contamos entre o povo de Deus, a Escritura nos manda viver como cidadãos da cidade santa de Jerusalém, que ele consagrou a si próprio.

> Na verdade, não temos aqui cidade permanente, mas buscamos a que há de vir.
> (Hb 13.14)

É vergonhoso que os cidadãos da cidade santa a poluam com a sua impureza. Dessa maneira, lemos que haverá uma morada no tabernáculo de Deus para aqueles que andam irrepreensíveis e buscam a justiça. Não é certo que o santuário em que Deus habita se pareça com um estábulo imundo.

Para nos motivar em direção à justiça de forma mais efetiva, a Escritura nos diz que Deus, o Pai, que nos reconciliou consigo mesmo em seu Ungido, Jesus Cristo, nos deu em Cristo um padrão ao qual deveríamos moldar nossa vida. Você não encontrará um modelo melhor entre os filósofos — nos quais muitos esperam encontrar o único tratamento correto e ordenado da filosofia moral. Estes, embora se esforcem ao máximo para nos encorajar à virtude, não têm nada a dizer senão que deveríamos viver "de acordo com a natureza". A Escritura, porém, deriva seu encorajamento da verdadeira fonte. Ela nos ensina a contemplar nossa vida em relação a Deus, nosso Autor, a quem estamos ligados. E, tendo nos ensinado que caímos do verdadeiro estado e condição de nossa criação original, a Escritura acrescenta que Cristo, através de quem o favor divino para conosco foi restaurado, é colocado à nossa frente como um modelo cuja forma e beleza deveriam estar refletidas em nossa própria vida. O que poderia ser mais efetivo? De fato, o que poderia ser mais necessário que isso? Fomos adotados pelo Senhor como filhos mediante este entendimento: que, em nossa vida, deveríamos espelhar a Cristo, que é o elo da nossa adoção. Com efeito, a não ser que sejamos devotos à justiça — até mesmo aficionados dela —, abandonaremos sem fé nosso Criador e o renegaremos como nosso Salvador.

A Escritura deriva princípios de conduta de cada dádiva divina que ela descreve para nós, assim como de cada aspecto de nossa salvação. Deus se manifestou como um Pai para nós. Caso nós, por nossa vez, não nos manifestemos como filhos a ele, provamos ser extremamente ingratos (Ml 1.6; 1Jo 3.1).

Sede, pois, imitadores de Deus, como filhos amados [...]. (Ef 5.1)

A essência da piedade

Cristo limpou-nos ao nos lavar com seu sangue e transmitiu-nos essa limpeza por meio do batismo[4]. Seria inapropriado, portanto, corrompermo-nos com a imundícia (1Co 6.11; Ef 5.26; Hb 10.10; 1Pe 1.15, 19). Cristo enxertou-nos no seu corpo. Nós, portanto, que somos seus membros, devemos ser especialmente cuidadosos para não lançar lama ou impureza ao corpo de Cristo (Jo 15.3-6; 1Co 6.15; Ef 5.23-33). Cristo, nosso cabeça, subiu aos céus. Nós, pois, devemos deixar de lado nossas afeições terrenas e esperar de todo o coração

---

4 Calvino reconhece o batismo como um instrumento das realidades que representa, desde que o sacramento seja acompanhado pela fé. "Mas deste sacramento, assim como de todos os outros, nós obtemos apenas aquilo que recebemos pela fé" (*Institutas* 4.15.15).

por aquele lugar (Cl 3.1ss). O Espírito Santo consagrou-nos como templos de Deus. Devemos, assim, deixar a glória de Deus brilhar através de nós, e não nos poluirmos com o pecado. Nosso corpo e nossa alma foram destinados à incorrupção celestial e a uma coroa imperecível. Nós, portanto, devemos nos empenhar, mantendo-nos puros e incorruptíveis até o Dia do Senhor (1Ts 5.23). Essas são as bases santas sobre as quais construímos a vida cristã. Nada parecido com isso pode ser encontrado em filósofos, que, em sua recomendação de virtude, nunca vão além da dignidade que o homem natural pode alcançar.

Algo deve ser dito sobre aqueles que querem ser chamados cristãos, mas não possuem nada de Cristo a não ser o título e a aparência. Estes se gloriam arrogantemente no santo nome dele. Contudo, apenas aqueles que ganharam um conhecimento verdadeiro de Cristo a partir da Palavra do Evangelho têm um relacionamento com ele. E o apóstolo nega que qualquer pessoa aprendeu verdadeiramente a Cristo se não compreendeu ainda que deve despir-se do velho homem, o qual é corrompido pelos desejos enganosos, e revestir-se de Cristo.

> Mas não foi assim que aprendestes a Cristo, se é que, de fato, o tendes ouvido e nele fostes instruídos, segundo é a verdade em Jesus, no sentido de que, quanto ao trato passado, vos despojeis do velho homem, que se corrompe segundo as concupiscências do engano, e vos renoveis no espírito

do vosso entendimento, e vos revistais do novo homem, criado segundo Deus, em justiça e retidão procedentes da verdade. (Ef 4.20-24)

Tais cristãos nominais demostram que seu conhecimento de Cristo é falso e ofensivo, não importando quão alto e eloquentemente falem sobre o Evangelho; uma vez que a verdadeira doutrina não está na língua, mas na vida. Além disso, a doutrina cristã não é entendida apenas pelo intelecto e memória, como a verdade é entendida em outros campos de estudo. Antes, a doutrina é recebida corretamente quando se apossa de toda a nossa alma e encontra moradia e abrigo no íntimo do nosso coração. Então, que essas pessoas parem de mentir ou provem-se discípulos dignos de Cristo, seu mestre.

Nós demos prioridade à doutrina que contém a nossa religião, já que ela estabelece a nossa salvação. Todavia, para a doutrina nos ser frutífera, deve transbordar em nosso coração, propagar-se em nossa rotina e realmente transformar-nos por dentro. Até mesmo os filósofos se enraivecem e rejeitam aqueles que, embora professem uma arte que lhes deveria governar a vida, distorcem-na de forma hipócrita, transformando-a em mero falatório. Quanto mais, então, deveríamos detestar a fala tola daqueles que concordam da boca para fora com o Evangelho? O poder do Evangelho deve penetrar nas mais recônditas afeições do coração, embrenhar-se em nossa alma e inspirar o ser humano completo cem vezes mais do que os ensinamentos desprovidos de vida dos filósofos.

Não estou dizendo que a conduta de um cristão não respirará nada além do Evangelho puro, embora isso deva ser desejado e buscado. Em outras palavras, não estou falando sobre a perfeição na caminhada cristã, como se estivesse indisposto a admitir ou reconhecer como cristão alguém que não obteve a perfeição. Se esse fosse o caso, todos seriam excluídos da igreja, já que não encontramos nela quem esteja próximo de ser perfeito. De fato, encontramos muitos na igreja que progrediram apenas um pouco em direção à perfeição, os quais, no entanto, seria injusto rejeitar como cristãos.

O que estou dizendo é: fixemos nossos olhos no alvo e único objeto de nossa busca. Que esse objetivo, em vista do qual temos de nos esforçar e batalhar, seja estabelecido desde o início. Afinal, não é certo barganhar com Deus quanto ao que aceitaremos ou não daquilo que nos prescreveu em sua Palavra. Deus sempre confere a máxima importância à integridade,[5] recomendando-a como a principal parte de seu culto.

> Se andares perante mim como andou Davi, teu pai, com integridade de coração e com sinceridade, para fazeres segundo tudo o que te mandei e guardares os meus estatutos e os meus juízos, então, confirmarei o trono de teu reino sobre Israel

---

5 Veja Gênesis 17.1-2; 1 Reis 9.4-5; Salmo 41.12.

para sempre, como falei acerca de Davi, teu pai, dizendo: Não te faltará sucessor sobre o trono de Israel. (1Rs 9.4-5)

Pela palavra *integridade*, ele se refere à simplicidade sincera do coração, livre de fingimento e engano, o que é o oposto da duplicidade de coração. Em outras palavras, viver corretamente tem uma base espiritual sobre a qual a afeição interna da alma é sinceramente devotada a Deus para ser nutrida em santidade e retidão.

Por óbvio, nenhum de nós é capaz de correr rapidamente no percurso correto enquanto permanecemos no confinamento terreno de nosso corpo. É verdade que a maioria de nós é tão oprimida pela fraqueza, que fazemos pouco progresso

— cambaleando, mancando e rastejando no chão. Mas prossigamos de acordo com a medida de nossos recursos e persigamos o caminho em que começamos a andar. Nenhum de nós prosseguirá com tão pouco sucesso a ponto de não fazer nenhum progresso diário no caminho. Continuemos, portanto, a tentar progredir, a fim de que tenhamos continuamente alguns ganhos no caminho proposto pelo Senhor, sem que nos desanimemos com a pequenez de nossos êxitos. Embora muitos dos nossos sucessos estejam aquém de nossa vontade, nossos esforços não são vãos, caso estejamos mais adiantados hoje do que ontem. Então, fixemos nossos olhos no alvo com sinceridade e simplicidade, aspirando àquele fim — não nos autobajulando tolamente nem arranjando desculpas para nossas más ações. Prossigamos, num esforço contínuo, em direção ao alvo, com o fim de superarmos a nós mesmos, até que, finalmente, atinjamos a própria perfeição. Isso, de fato, é o que perseguimos e buscamos por toda a vida, porém só o possuiremos quando formos libertos da fraqueza da carne e tivermos sido recebidos na perfeita comunhão do Senhor.

Capítulo 2

A abnegação na vida cristã

A Lei do Senhor é a melhor e mais adequada instrução para ordenar nossa vida com dignidade. No entanto, aprouve a nosso Mestre celeste nos conformar com uma regra mais precisa do que aquilo que é dado nos preceitos da Lei. Este é o resumo de tal regra: é dever dos crentes apresentar o próprio corpo como sacrifício vivo, santo e aceitável a Deus. É nisso que consiste a sua adoração genuína. Dessa regra é derivada a exortação de que os crentes não devem se conformar com este mundo, mas ser transformados pela renovação de sua mente, a fim de que possam discernir qual é a vontade de Deus, uma vez que a testem.

Rogo-vos, pois, irmãos, pelas misericórdias de Deus, que apresenteis o vosso corpo por sacrifício vivo, santo e agradável a Deus, que é o vosso culto racional. E não vos conformeis com este século, mas transformai-vos pela renovação da vossa mente, para que experimenteis qual seja a boa, agradável e perfeita vontade de Deus. (Rm 12.1-2)

Isto é maravilhoso: somos consagrados e dedicados a Deus com a finalidade de que não possamos pensar, falar, meditar ou agir a menos que seja para a glória dele. O sagrado não pode ser usado profanamente sem que isso constitua injustiça a Deus.

Se não somos de nós mesmos, mas do Senhor, são claros os erros de que devemos fugir, bem como o alvo em direção ao qual devemos conduzir toda a nossa vida. Não somos de nós mesmos; portanto, nem nossa razão nem nossa vontade devem dominar nossos planos e ações. Não somos de nós mesmos; logo, não tornemos a satisfação da nossa carne o nosso fim. Não somos de nós mesmos; então, tanto quanto possível, esqueçamo-nos de nós mesmos e de nossos próprios interesses.

Antes, somos de Deus; portanto, vivamos e morramos por ele. Somos de Deus; logo, que a sua sabedoria e sua vontade governem todas as nossas ações. Somos de Deus; então, corramos — em todos os aspectos de nossa vida — para ele como nossa única meta apropriada. Quanto progrediu aquele que foi ensinado que não pertence a si mesmo, aquele que tirou a direção e o domínio da própria razão e os confiou a

Deus. A praga de nos submetermos à nossa própria regra nos leva diretamente à ruína; porém o caminho mais certo para a segurança não é nem saber nem querer nada por conta própria, mas simplesmente seguir a liderança do Senhor.

Seja, pois, o nosso primeiro passo abdicar de nós mesmos, a fim de que apliquemos toda a nossa força para a obediência a Deus. Quando me refiro à obediência, não a defino como prestarmos um culto meramente de lábios a Deus, mas como estarmos livres do desejo da carne, entregando nossa mente integralmente à orientação do Espírito de Deus. Os filósofos são ignorantes quanto a essa transformação (o que Paulo chama de "renovação da mente"), embora ela constitua o começo da vida (Ef 4.23). Eles entronam a razão do homem como governante e pensam que apenas isso deveria ser considerado. Com efeito, concedem e confiam o governo da conduta exclusivamente à razão humana. Por outro lado, a filosofia cristã ordena que a razão humana dê espaço — submeta-se e entregue-se — ao Espírito Santo. Agora não somos mais nós que vivemos, mas é Cristo que vive e reina em nós (Gl 2.20).

Outro ponto se segue: não deveríamos buscar os nossos próprios interesses, mas os do Senhor, de sorte que temos de trabalhar para promover a sua glória. Este é um grande progresso na vida cristã: que praticamente nos esqueçamos de nós mesmos; que, em todos os assuntos, demos pouca importância a nossas próprias preocupações; e que busquemos fielmente dedicar nossas energias a Deus e aos seus mandamentos. Quando a Escritura nos manda desprezar nossos próprios interesses, erradica de nossa alma o desejo de possuir coisas para nós mesmos, de amar o poder e de ansiar pelo elogio dos homens. Ademais, arranca pela raiz nosso apetite pela ambição, bem como nosso apetite por toda a glória humana e outros males secretos. É, de fato, apropriado que cristãos considerem que sua vida toda tem a ver com Deus. Assim como o cristão submete tudo o que é e faz ao julgamento e decisão de Deus, também lhe consagra devotamente toda intenção de sua mente. Aquele que aprendeu a considerar a Deus em tudo o que faz vai sendo afastado, ao mesmo tempo, de todo pensamento vão.

Tal é a abnegação que Cristo diligentemente recomendou a seus discípulos desde o início de seu discipulado.

> Então, disse Jesus a seus discípulos: Se alguém quer vir após mim, a si mesmo se negue, tome a sua cruz e siga-me. (Mt 16.24)

Uma vez que a abnegação ocupe o coração, expulsa os males do orgulho, arrogância e prepotência, assim como da avareza, luxúria, gula, covardia e tudo mais que nasce com o amor-próprio. Por outro lado, onde a abnegação não reina, os piores vícios florescem descaradamente. Ou, se há alguma aparência de virtude, é corrompida pelo desejo depravado por glória. Nenhum homem quer livremente fazer o que é certo sem primeiro renunciar a si mesmo de acordo com o mandamento de Deus. Aqueles que não foram tomados pelo senso da necessidade de abnegação perseguiram a virtude por uma questão de louvor. Ademais, muitos filósofos, tomados de arrogância, recomendaram buscar a virtude apenas para o seu próprio benefício. Recomendam que se procure a virtude apenas por questão de orgulho. Deus também não se contenta com aqueles que buscam elogios efêmeros. Ele não se contenta com aqueles que têm coração inchado e manifestam ter recebido a recompensa nesta vida (Mt 6.5-6, 16). Prostitutas e coletores de impostos estão mais próximos do reino dos céus do que tais pessoas.

Qual dos dois fez a vontade do pai? Disseram: O segundo. Declarou-lhes Jesus: Em verdade vos digo que publicanos e meretrizes vos precedem no reino de Deus. Porque João veio a vós outros no caminho da justiça, e não acreditastes nele; ao passo que publicanos e meretrizes creram. Vós, porém, mesmo vendo isto, não vos arrependestes, afinal, para acreditardes nele. (Mt 21.31-32)

Entretanto, ainda precisamos entender claramente a natureza dos obstáculos que impedem um homem, quando este não nega a si mesmo, de andar no caminho certo. Porque acertadamente se disse: "Há um mundo de vícios escondidos na alma do homem". Você não encontrará nenhum remédio adequado para tais vícios a não ser negar-se a si mesmo, desconsiderar suas próprias ambições e levar sua mente a buscar inteiramente aquelas coisas que o Senhor requer de você — e buscá-las porque agradam a ele.

Em outra parte das Escrituras, Paulo, mais claramente, embora de forma breve, enumera as várias partes da vida bem ordenada:

> Porquanto a graça de Deus se manifestou salvadora a todos os homens, educando-nos para que, renegadas a impiedade e as paixões mundanas, vivamos, no presente século, sensata, justa e piedosamente, aguardando a bendita esperança e a manifestação da glória do nosso grande Deus e Salvador Cristo Jesus, o qual a si mesmo se deu por nós, a fim de remir-nos de toda

> iniquidade e purificar, para si mesmo, um povo exclusivamente seu, zeloso de boas obras. (Tt 2.11-14)

Nessa passagem, depois de estabelecer que a graça de Deus nos motiva, Paulo remove dois obstáculos que severamente nos impedem de liberar nosso caminho para adorar a Deus: primeiro, nossa inclinação natural à impiedade; segundo, os desejos mundanos que buscam nos enfeitiçar ainda mais. Ao referir-se à "impiedade", ele alude não apenas à superstição, mas a qualquer coisa que dispute seriamente com o temor a Deus. Já as "paixões mundanas" são os desejos da carne. Então, ele nos manda, fazendo referência a cada tábua da Lei,[1] despir-nos de nossas inclinações naturais e negar-nos a nós mesmos, isto é, resistir ao que a nossa razão e vontade demandarem.

Agora, cada ação correta na vida pertence a uma das três categorias: autocontrole, retidão e piedade. Destas, autocontrole significa pureza e domínio próprio, bem como empregar de forma cuidadosa e inculpável as coisas que possuímos e agir com paciência quando nos falta algo. Retidão significa observar todos os requisitos de justiça para darmos a cada um o que lhe é devido. A piedade nos separa das impurezas do

---

[1] Os Dez Mandamentos foram dados em duas tábuas de pedra. Essas duas tábuas correspondem aos mandamentos de Deus em relação a si mesmo e àqueles que dizem respeito ao próximo.

mundo e nos une a Deus em santidade genuína. Estes três — autocontrole, retidão e piedade —, quando unidos por um laço inquebrantável, tornam-nos completos. Contudo, em verdade, nada é mais difícil do que se despedir da razão carnal, e subjugar — na verdade, conquistar — nossos desejos, e nos juntar a Deus e a nossos irmãos. Nós estamos, em essência, contemplando a vida dos anjos mesmo enquanto marchamos pelo lamaçal da imundície mundana. Paulo nos traz novamente à memória a esperança da abençoada imortalidade, a fim de livrar nossa alma de todos os laços, e admoesta-nos a não contendermos pela retidão sem que nutramos esperança. Porque Cristo apareceu primeiro como nosso Redentor e, por ocasião de sua segunda vinda, trará o fruto da redenção que nos garantiu. Dessa maneira, Paulo subjuga todas as tentações que nos incomodam e nos impedem de aspirar a uma glória celestial. De fato, ele nos ensina a viver como forasteiros neste mundo, para que não percamos nossa herança celestial.

Além disso, entendemos dessa passagem, Tito 2.11-14, que negar a si mesmo diz respeito, em parte, a homens e, em parte — na realidade, sobretudo, — a Deus. A Escritura nos manda viver com os homens de modo que prefiramos a sua honra à nossa própria, devotando-nos de boa-fé para promover seu bem-estar (Rm 12.10).

> Nada façais por partidarismo ou vanglória, mas por humildade, considerando

cada um os outros superiores a si mesmo.
(Fp 2.3)

Assim, a Bíblia nos dá mandamentos que nossa alma é incapaz de cumprir, a menos que se esvazie de suas inclinações naturais. Cada um de nós pensa ter um motivo justo para exaltar-se e desprezar todos os outros, quando os compara consigo. Nosso amor-próprio nos arruína com tal cegueira. Se, de fato, Deus nos presenteou com algo bom, nós imediatamente fazemos disso a base para louvar-nos a tal nível, que não apenas ficamos inchados, mas quase explodimos de orgulho.

Nós ocultamos cuidadosamente dos outros os nossos vícios abundantes e fingimos que estes são pequenos e insignificantes. De fato, iludimo-nos tanto, que, às vezes, abraçamos nossos vícios como virtudes. Quando outros possuem dons que admiraríamos em nós mesmos — ou até dons melhores do que os nossos —, rancorosamente os ridicularizamos e depreciamos, recusando-nos a reconhecê-los corretamente como dons. De maneira semelhante, quando outros possuem vícios, não nos contentamos meramente em apontá-los; antes, dura e severamente os reprovamos e até os exageramos com perversidade. Assim, nossa arrogância cresce conforme buscamos nos exaltar acima dos outros, como se fôssemos diferentes deles. Com efeito, não há quem, cheio de irreverência e ousadia, não despreze e menospreze os outros. Sim, o pobre se submete externamente ao rico; os comuns, aos nobres; os servos, aos mestres; o iletrado, ao educado. Mas não há quem não nutra uma grande opinião de si mesmo.

Todos bajulam a si mesmos e carregam, por assim dizer, um reino no próprio peito. Consideram arrogantes os homens que, para se satisfazerem, criticam o caráter e a moral dos outros. E, quando a contenda surge, seu veneno irrompe. Contanto que tudo esteja caminhando tranquila e prazerosamente, eles se apresentam com alguma gentileza. Porém, na realidade, quão poucos há que podem manter tal aparência superficial de modéstia quando são apunhalados e provocados. O único remédio para isso é arrancar pela raiz essas doenças tóxicas — o amor pela contenda e o amor pelo ego — que estão implantadas profundamente dentro de nós. A Escritura promove esse desarraigamento com o seu ensino, pois ela nos ensina que aquilo que Deus nos deu não são, de maneira alguma, dádivas originadas de nós mesmos. De fato, são dons gratuitos de Deus.

> Toda boa dádiva e todo dom perfeito são lá do alto, descendo do Pai das luzes, em quem não pode existir variação ou sombra de mudança. (Tg 1.17)

Aqueles que se vangloriam com os dons que possuem revelam a própria ingratidão. "Pois quem é que te faz sobressair?", como diz Paulo. "E que tens tu que não tenhas recebido? E, se o recebeste, por que te vanglorias, como se o não tiveras recebido?"

(1Co 4.7). Pelo reconhecimento constante de nossos vícios, retornemos à humildade. Fazendo assim, não haverá nada em nós para nos orgulharmos, mas, pelo contrário, haverá muito para nos colocar em nosso lugar.

Por outro lado, somos chamados a respeitar e elogiar quaisquer dons de Deus que vejamos nos outros e a honrar aqueles em quem tais dons residem. Seria uma vergonha para nós negarmos a honra daqueles que Deus considerou dignos de honra. Ademais, com o fim de não insultarmos aqueles a quem devemos honra e boa vontade, somos ensinados a fazer pouco caso de seus vícios — mas, evidentemente, sem os admirar e, assim, encorajá-los. Dessa maneira, agiremos não apenas com moderação e modéstia, mas também com graça e cordialidade para com os outros. Nunca alcançaremos humildade genuína senão quando tivermos nosso coração saturado de abnegação e respeito pelos demais.

Encontraremos muitas dificuldades enquanto tentarmos diligentemente buscar o benefício de nosso próximo. Não faremos nenhum avanço, a menos que coloquemos de lado a preocupação com nós mesmos — de fato, a menos que nós, de alguma maneira, coloquemos de lado nosso próprio ego. Como, a não ser que renunciemos a nós mesmos e nos comprometamos inteiramente com os outros, podemos produzir as obras que Paulo identificou como amor? "O amor", diz ele, "é paciente, é benigno; o amor não arde em ciúmes, não se ufana, não se ensoberbece, não se conduz inconvenientemente, não procura os seus interesses, não se exaspera, não se ressente do mal",[2] e assim por diante. Com que força devemos resistir à nossa própria natureza para que consigamos observar o mandamento que nos ordena não buscar nossos interesses! Nossa natureza nos inclina para o amor-próprio. Como resultado, não é com facilidade que negamos a nós mesmos ou a nossos desejos para buscarmos o bem dos outros. Estamos ainda menos dispostos a desistir do nosso direito a algo e dá-lo ao próximo.

Para nos guiar pela mão a tal abnegação, a Escritura avisa-nos que qualquer coisa que recebamos livremente do Senhor é-nos dada para o bem comum da igreja.

---

2 1 Coríntios 13.4-5.

> Servi uns aos outros, cada um conforme o dom que recebeu, como bons despenseiros da multiforme graça de Deus. (1Pe 4.10)

Assim, o uso correto de todas as dádivas que recebemos é o livre e generoso compartilhamento dessas dádivas com os outros. Não se pode imaginar princípio mais certeiro ou exortação mais efetiva para seguir essa regra do que isto: a Escritura ensina-nos que todas as dádivas que usamos são-nos dadas por Deus. E elas são dadas com esta lei da nossa fé: que sejam empregadas para o bem do nosso próximo. Mas a Escritura ainda vai além ao comparar tanto a nós quanto as dádivas que recebemos a membros de um corpo humano. Nenhum membro do corpo existe para servir a si mesmo, nem cada membro existe meramente para seu próprio uso. Antes, cada membro coloca suas habilidades à disposição dos demais. Além disso, nenhum membro do corpo recebe para si mesmo vantagem alguma além daquela que beneficia o corpo inteiro. Logo, o que quer que um homem piedoso seja capaz de fazer, deve fazê-lo por seus irmãos. Deve considerar os próprios interesses apenas à medida que tem em mente a edificação geral de toda a igreja. Que isto, então, seja nossa regra de bondade e benevolência: somos meros mordomos dos dons que Deus nos deu para ajudar o nosso próximo. Devemos prestar contas de nossa mordomia, e a mordomia correta é abastecida pela regra do amor. Por consequência, não devemos meramente juntar o zelo pelo bem de outros com a preocupação por nosso próprio bem-estar; antes, temos de nos preocupar com o nosso próprio bem-estar para o bem dos outros.

A fim de nos ajudar a entender melhor que essa lei da mordomia corretamente se aplica a qualquer dom que recebemos de Deus, ele a aplicou aos menores dons de sua bondade nos tempos antigos. Ele mandou que as primícias da produção de seu povo fossem oferecidas a ele:

> As primícias dos frutos da tua terra trarás à Casa do Senhor, teu Deus. Não cozerás o cabrito no leite da sua própria mãe. (Êx 23.19)

Dessa maneira, o antigo povo de Deus testificou que era errado extrair qualquer lucro de sua produção antes de ela ser consagrada a Deus. Ora, se os dons que Deus nos deu são, em última análise, santificados para nós depois de nossas mãos os haverem oferecido de volta a seu autor, qualquer uso deles que não tenha o aroma agradável de oferta será um abuso corrompido deles. Mas nós nos esforçaríamos em vão para aumentar a riqueza de Deus ao oferecer-lhe nossos dons. Já que nossa bondade, como o profeta diz, não alcança a Deus, devemos praticá-la para seus santos que estão na terra (Sl 16.2-3). Logo, nossos dons caridosos são comparados a sacrifícios santos, já que correspondem àqueles sacrifícios que foram requisitados pela Lei (Hb 13.16).

Ademais, a fim de que não fiquemos cansados de fazer o bem (o que, de outro modo, com certeza ocorreria imediatamente), devemos entender o próximo ponto apresentado pelo apóstolo — que "o amor é paciente" e "não se exaspera". O Senhor nos instruiu a fazer o bem a todas as pessoas de todo o mundo, muitas das quais são indignas de boas ações, quando julgadas por seu próprio mérito. A Escritura, porém, vem em nosso socorro com a melhor das razões para que façamos o bem a todas as pessoas. Ela nos ensina a não considerar os outros pelos seus méritos, mas a considerar neles a imagem de Deus, a quem devemos honra e amor. Ainda, a imagem de Deus deveria ser mais diligentemente considerada naqueles que são da família da fé, porque foi renovada e restaurada em nós pelo Espírito de Cristo.

> Por isso, enquanto tivermos oportunidade, façamos o bem a todos, mas principalmente aos da família da fé. (Gl 6.10)

Portanto, você não tem motivo para evitar quem está diante de você e precisa do seu serviço. Suponha que ele seja um estrangeiro. O Senhor, no entanto, o selou com a sua própria marca, a qual é familiar a você, de forma que Deus o proíbe de desprezar sua própria carne. Suponha que ele seja desprezível e indigno. O Senhor, porém, o apresenta como alguém que lhe aprouve ornar com a própria imagem. Suponha que você não lhe deva nada pelo que ele fez. Mas Deus, a quem você sabe que é obrigado por causa dos tantos benefícios maravilhosos que já lhe concedeu, se coloca, por assim dizer, no lugar daquela pessoa. Suponha que ele seja indigno mesmo dos seus menores trabalhos em prol dele. Contudo, a imagem de Deus, segundo a qual esse indivíduo é encomendado a você, garante que você dará tudo de si e tudo que possui. Suponha que um homem não apenas não mereça nada de você, mas também o tenha provocado com injustiças e injúrias. Nem mesmo isso é motivo para você deixar de envolvê-lo com afeto e de cumprir os seus deveres de amor para com ele. Ele merecia, você poderia dizer, algo muito diferente de minha parte. Mas o que o Senhor mereceria? Quando ele lhe manda perdoar aquele homem por qualquer pecado que tenha cometido contra você, chama-o a fazê-lo não porque aquele homem o mereça, mas porque o próprio Deus perdoou a você (Lc 17.3-4). Esse é o único caminho para atingirmos o que não apenas é difícil, mas inteiramente oposto à nossa natureza humana, isto é, amar aqueles que nos odeiam, pagar o mal com o bem e abençoar os que nos amaldiçoam.

> Eu, porém, vos digo: amai os vossos inimigos e orai pelos que vos perseguem [...]. (Mt 5.44)

Precisamos nos assegurar de que não vivemos na maldade dos homens, mas de que consideramos a imagem de Deus neles. Tal imagem, ocultando e suprimindo seus defeitos, atrai-nos, por sua beleza e dignidade, a amá-los e recebê-los.

Essa automortificação, portanto, somente tomará lugar em nós quando cumprirmos todas as exigências do amor. Não as cumprimos quando meramente executamos os deveres externos do amor — mesmo quando não negligenciamos nenhum deles —, e sim quando os fazemos com uma afeição sincera de amor. Pode acontecer de alguém cumprir suas obrigações inteiramente como deveres externos e, ainda assim, estar distante de executá-las pela razão certa. Por exemplo, você pode ver certas pessoas que querem parecer muito generosas, embora não deem coisa alguma sem se ressentirem de quem recebe a sua generosidade, por meio de expressões orgulhosas ou palavras arrogantes. Disto decorre a miséria na qual essa era infeliz afundou-se: do fato de que dificilmente alguma dádiva de caridade é feita, pelo menos por parte da maioria dos homens, sem que haja desprezo por aqueles que a recebem. Tais vícios não seriam tolerados nem mesmo entre os pagãos antigos.

Requer-se mais dos cristãos do que oferecer um rosto sorridente e tornar agradáveis seus deveres por meio de palavras amigáveis. Eles devem imaginar-se na situação da pessoa que precisa de sua ajuda, compadecendo-se de sua desventura, como se eles próprios a carregassem e sentissem. Assim, serão compelidos, em virtude de um sentimento de misericórdia e humanidade, a oferecer-lhes ajuda como gostariam de recebê-la. Aquele que tem essa mentalidade e se aproxima da tarefa de ajudar seus irmãos não contaminará seus deveres para com os outros com arrogância ou ressentimento. Ele não desprezará um irmão a quem presta ajuda por ter ele precisado dela, nem sujeitará seu irmão a si mesmo como devedor. Nós, claro, nunca ridicularizaríamos um membro ferido que o resto do corpo trabalha para reviver, nem consideraríamos aquele membro em particular em débito para com os outros membros do corpo, só porque recebeu mais ajuda do que ofereceu. A ajuda que diferentes membros do corpo mutuamente oferecem uns aos outros não deveria, de acordo com a lei da natureza, ser considerada um favor, e sim uma obrigação cuja recusa seria antinatural. Pela mesma razão, quem executa uma única obrigação não deveria se considerar livre de fazer mais — como geralmente acontece quando

A essência da piedade

pessoas ricas, depois de oferecerem algo de si, deixam que os outros cuidem das necessidades restantes, como se estas já não fossem sua responsabilidade.

Antes, todos devem considerar a si mesmos, não obstante quão ilustres sejam, devedores de seu próximo. Além disso, não devem limitar o exercício da bondade para com os outros, senão pela insuficiência de seus próprios recursos; visto que essa bondade, feita segundo a extensão e alcance destes, deve se conformar à lei do amor.

Discutamos novamente, de forma mais completa, a parte central da nossa abnegação, a qual, como eu disse, diz respeito a Deus. Seria supérfluo reiterar as muitas coisas que já mencionei acerca disso.[3] Bastará aqui discutir como a abnegação nos molda para sermos calmos e pacientes nesta vida.

Então, ao lutarmos por conveniência ou por tranquilidade nesta vida, a Escritura chama-nos a submeter as nossas vontades e tudo o que é nosso ao Senhor, entregando-lhe as afeições de nosso coração, a fim de que sejam dominadas e refreadas.

> [...] venha o teu reino; faça-se a tua vontade, assim na terra como no céu [...].
> (Mt 6.10)

Nossa luxúria é furiosa, e nossa avareza, sem limites para perseguir prosperidade

---

3 Por exemplo, na discussão de Calvino sobre arrependimento e mortificação do pecado (*Institutas* 3.3.2–3).

e honra, buscando poder, amontoando riquezas e coletando todas as coisas vãs que parecem nos dar grandeza e glória. Por outro lado, tememos e odiamos grandemente a pobreza, o anonimato e a humildade, de modo que evitamos essas realidades de toda maneira. Assim, vemos que aqueles que organizam a vida de acordo com seu próprio conselho têm uma disposição inquieta. Vemos quantos truques tentam, quantas buscas exaurem para garantir os objetos de sua ambição ou avareza, enquanto tentam evitar, por outro lado, a pobreza e a humildade.

Portanto, para não se emaranharem em tais laços, os homens piedosos devem manter esta direção: primeiramente, não devem desejar, almejar ou esperar a prosperidade por qualquer outra razão que não seja a bênção do Senhor. Que, segura e confiantemente, eles se lancem e descansem nessa bênção. A carne pode parecer perfeitamente suficiente para si mesma, enquanto avança por seus próprios esforços, ou se eleva através do próprio zelo, ou é assistida pelo favor dos homens para alcançar honra e prosperidade. No entanto, é certo que todas essas coisas serão inúteis e que nós não alcançaremos nada por nossos talentos e esforços, exceto na medida em que o Senhor nos levar a ser bem-sucedidos. Por outro lado, a bênção divina, por si mesma, encontra um caminho, apesar de todo obstáculo, para trazer todas as coisas a um fim feliz e próspero para nós. Em segundo lugar, é evidente que somos capazes de obter para nós, inteiramente à parte da bênção divina, alguma glória e riqueza, assim como frequentemente vemos grandes honras e prosperidade acumuladas por homens ímpios. Não obstante, o que quer que obtenhamos tornar-se-á em mal sem a bênção de Deus, já que aqueles em quem a maldição de Deus permanece não provam a menor felicidade verdadeira. Obviamente, não deveríamos desejar o que nos torna mais miseráveis.

Supondo que aceitemos que o método para obtermos toda a prosperidade e sucesso desejáveis descansa inteiramente na bênção de Deus e que, sem ela, todo tipo de miséria e infortúnio espera por nós, então, também é verdade que não devemos nos esforçar com ganância para obter fortuna e honra, seja confiando em nossa habilidade natural ou persistência, seja dependendo de favores de homens ou descansando em um sonho vazio de boa fortuna. Pelo contrário, devemos sempre olhar para o Senhor, de modo que, por seu cuidado, sejamos guiados em qualquer destino que ele queira nos dar nesta vida.

O resultado será, em primeiro lugar, que nós não nos apressaremos para capturar a fortuna e apossar-nos da honra por meio de atos ilegais, traição, maus instrumentos ou ganância, ferindo, assim, nossos próximos.

Antes, perseguiremos aquelas coisas que não nos afastam da inocência. Pois quem pode continuar a esperar pela ajuda da bênção divina enquanto comete vários males, roubos e outras maldades? Afinal, assim como a bênção de Deus não alcança pessoa alguma senão as que são puras de pensamento e atos, ela, da mesma forma, escapa aos que nutrem pensamentos impuros e se entregam a atos perversos.

Em segundo lugar, um freio será colocado em nós para que não ardamos no desejo indomável de ficarmos ricos nem na ganância pela honra. Não é vergonhoso para alguém buscar a ajuda de Deus para obter aquelas coisas que deseja, quando estas são contrárias à Palavra de Deus? Pois aquilo que Deus amaldiçoa com sua própria boca não será acompanhado do auxílio de sua bênção.

Por fim, se a nossa esperança e desejo não tiverem sucesso, seremos, mesmo assim, impedidos de nos impacientarmos e amaldiçoarmos a nossa condição, qualquer que seja. Afinal, entenderemos que maldizer assim nossa condição seria murmurar contra Deus, o qual distribui riquezas, pobreza, honra e desprezo de acordo com a sua vontade. Resumindo, aquele que descansa na bênção de Deus da maneira que descrevi não empregará meios maldosos — ele sabe que não ganhará nada — na busca frenética das coisas que os homens normalmente perseguem. Se ele prospera, não atribuirá isso a si mesmo ou à sua própria diligência, iniciativa ou sorte. Antes, reconhecerá a Deus como o autor de sua fortuna.

> O homem não pode receber coisa alguma se do céu não lhe for dada. (Jo 3.27)

A essência da piedade

Se os negócios de outros prosperam enquanto ele faz pouco progresso ou mesmo regride, suportará sua pobreza com mais paciência e moderação de espírito do que um homem ímpio aguentaria um sucesso que ficasse aquém de seu desejo. Porque o homem piedoso tem este conforto, que lhe provê maior segurança do que os mais altos montes de fortuna ou poder: ele sabe que os seus negócios são ordenados pelo Senhor, de forma que, como tais, promovem sua salvação. Vemos esse sentimento em Davi, o qual, enquanto seguia a Deus e se fiava em sua Lei, declarou:

> [...] não ando à procura de grandes coisas, nem de coisas maravilhosas demais para mim. Pelo contrário, fiz calar e sossegar a

A essência da piedade

> minha alma; como a criança desmamada
> se aquieta nos braços de sua mãe, como
> essa criança é a minha alma para comigo.
> (Sl 131.1-2)

Há outras circunstâncias em que aqueles que são piedosos devem permanecer firmes em paz e paciência. Tais qualidades devem se estender a todas as situações que encontramos nesta vida. Ninguém, então, além daquele que se devotou inteiramente ao Senhor negou a si mesmo de forma adequada, de sorte que todo aspecto de sua vida seja governado pela vontade dele. A pessoa assim serena em sua alma não se julgará miserável nem reclamará rancorosamente contra Deus pelo destino que teve na vida, independentemente do que lhe sobrevenha.

A essência da piedade

A verdadeira necessidade de ter tal disposição é clara se você considerar a quantos eventos imprevistos somos expostos nesta vida. Somos continuamente afligidos por uma doença ou outra; a praga avança; somos cruelmente atormentados por calamidades de guerra; a geada e o granizo tornam a terra estéril e deixam-nos com pouco, devorando nossa expectativa pela colheita do ano. Esposa, pais, filhos e parentes próximos são arrebatados pela morte; lares são consumidos pelo fogo. Esses são eventos que fazem os homens amaldiçoarem a própria vida, desprezarem o dia em que nasceram, menosprezarem o Céu e a sua luz, enfurecerem-se com Deus e, sendo fluentes em blasfêmias, acusarem a Deus de injustiça e crueldade. Mas o crente deve, nessas mesmas circunstâncias, considerar a misericórdia e a bondade paternais de Deus. Se um crente, então, vir sua casa esvaziar-se pela partida dos que vivem com ele, ainda assim não deve cessar de louvar ao Senhor. Antes, deve se voltar a este pensamento: "A graça do Senhor continua a habitar em minha casa e não a deixará desolada". Se o crente vir sua colheita se consumir pela seca, doença ou geada, ou ser esmagada por granizo, e a fome o ameaçar, mesmo assim, ele não deve desesperar-se em sua alma, tampouco irar-se com Deus. Antes, deve persistir com confiança nesta verdade: "Quanto a nós, teu povo e ovelhas do teu pasto, para sempre te daremos graças" (Sl 79.13). Deus, nessa situação, será o nosso provedor, ainda que a terra seja estéril. Se o crente for afligido por doença, não deve ser abalado pela severidade de sua dureza a ponto de explodir em impaciência e demandar de Deus uma explicação. Antes, considerando a justiça e a brandura da disciplina de Deus, deve entregar-se à paciência.

De fato, o crente deve aceitar o que vier com um coração gentil e grato, pois sabe que tudo foi ordenado pelo Senhor. Ademais, não deve teimosamente resistir ao governo de Deus, sob cujo poder ele colocou a si mesmo e a todas as suas questões. Que os cristãos, portanto, tornem sua prioridade afastar do próprio peito aquele tolo e infeliz conforto dos pagãos, os quais, para reforçar seus espíritos contra todos os eventos adversos, creditam-nos à sorte. Eles pensam que é tolo irar-se contra a sorte, já que ela é indiferente, aleatória e cega — infligindo suas dores igualmente aos que merecem e aos que não merecem. Ao contrário, a regra da piedade é reconhecer que a mão de Deus é o único juiz e governador de toda sorte; e, uma vez que a sua mão não é imprudentemente levada à fúria, distribui a nós tanto o bem como o mal, segundo sua ordenada justiça.

Capítulo 3

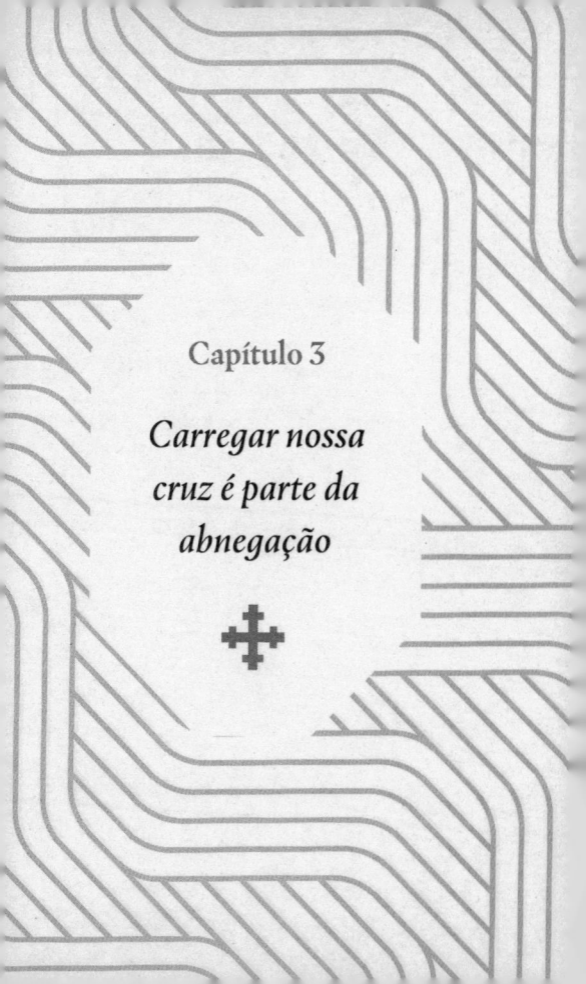

Carregar nossa cruz é parte da abnegação

A essência da piedade

A mente piedosa, porém, deve subir ainda mais alto, isto é, para aquele lugar ao qual Cristo chama seus discípulos quando propõe a todos que tomem a sua cruz.

> Então, disse Jesus a seus discípulos: Se alguém quer vir após mim, a si mesmo se negue, tome a sua cruz e siga-me. (Mt 16.24)

Pois aqueles que o Senhor escolheu e condescendeu receber em sua comunhão devem preparar-se para uma vida que é difícil, trabalhosa, cercada de problemas e cheia de muitos e vários tipos de mal. É a vontade de seu Pai celeste testá-los dessa maneira, provando-os por meio das dificuldades. Tendo começado com Cristo, seu Filho unigênito, ele continua a fazer o mesmo com seus demais filhos.

Embora Cristo seja o Filho, o amado acima de todos os outros — o único em quem a alma do Pai se deleita —, nós, mesmo assim, vemos quão pouca facilidade e conforto Cristo experimentou (Mt 3.17; 17.5). De fato, poder-se-ia dizer que ele não apenas carregou uma cruz durante todo o tempo em que esteve na terra, mas até que sua própria vida não era mais que uma espécie de cruz perpétua. A Escritura revela a razão disso: era necessário que Cristo "aprendesse a obediência pelas coisas que sofreu" (Hb 5.8). Por que, então, nós nos isentaríamos da mesma situação à qual Cristo, nosso cabeça, foi sujeitado, especialmente tendo em vista que ele foi submetido ao sofrimento para nos dar, em si mesmo, um modelo de paciência? A respeito disso, o apóstolo Paulo ensina que todos os filhos de Deus são designados para este fim: serem feitos como Cristo.

> Porquanto aos que de antemão conheceu, também os predestinou para serem conformes à imagem de seu Filho, a fim de que ele seja o primogênito entre muitos irmãos. (Rm 8.29)

Disto também recebemos maravilhosa consolação: que, no meio de circunstâncias obscuras e difíceis, as quais consideramos hostis e más, compartilhamos o sofrimento de Cristo. Pois, assim como ele entrou na glória celestial através de um labirinto que envolvia todo tipo de mal, nós, da mesma maneira, temos de passar por várias provações. Logo, Paulo diz em outro lugar que, somente se aprendermos a compartilhar do sofrimento de Cristo, conheceremos o poder da sua ressurreição (Fp 3.10). Se nos foi dado compartilhar de sua morte, estamos preparados para compartilhar da glória de sua ressurreição. Como esta realidade é perfeitamente adequada para amenizar a dureza da cruz: quanto mais afligidos somos pelas circunstâncias adversas, tanto mais seguramente é confirmada nossa comunhão com Cristo. Por virtude dessa comunhão, os sofrimentos em si mesmos não apenas se tornam bênçãos para nós, como também servem para promover nossa salvação.

Além disso, nosso Salvador de maneira alguma tinha de tomar para si o peso de uma cruz, senão para provar e testificar sua própria obediência ao Pai. No entanto, há muitas razões pelas quais nós mesmos devemos viver sujeitos a uma cruz constante. Primeiramente, há o fato de que, a menos que nossas próprias fraquezas nos sejam reveladas com frequência, facilmente superestimamos nossa virtude, sendo, por natureza, inclinados a atribuir todo bem como feito nosso. Não duvidamos que a nossa virtude permanecerá inteira e invencível em face de qualquer dificuldade que nos sobrevenha. Assim, somos levados a uma visão inflada e tola de nossa carne; de sorte que, confiando nela, exaltamo-nos descaradamente diante do próprio Deus, agindo como se nossas habilidades fossem suficientes sem sua graça. Não há um método melhor de que Deus lance mão para coibir tamanha arrogância do que nos demonstrar, pela experiência, nossa fraqueza e fragilidade. Ele nos aflige com desgraça, pobreza, infertilidade, doença e outros problemas. E nós, por outro lado, rapidamente nos desfazemos diante de tais golpes, visto não termos condições de suportá-los. Assim humilhados, aprendemos a rogar por seu auxílio, o único recurso que nos permite aguentar o peso de tamanha aflição. De fato, os mais santos dentre nós sabem que permanecem pela graça de Deus, e não pelas suas próprias virtudes. Ainda assim, mesmos estes se tornariam muito confiantes em sua própria coragem e firmeza se não fossem levados a um conhecimento mais íntimo de si mesmos pela provação da cruz.

Tal autoconfiança indolente também apanhou Davi de surpresa: "Quanto a mim, dizia eu na minha prosperidade: jamais serei abalado. Tu, Senhor, por teu favor fizeste permanecer forte a minha montanha; apenas voltaste o rosto, fiquei logo conturbado" (Sl 30.6-7). Então, Davi admitiu que, quando seus negócios prosperaram, sua sensibilidade se embotou, de maneira que negligenciou a graça de Deus, da qual devia ter dependido e na qual tinha de ter confiado, em vez de amparar-se em si mesmo. Ele descansou na própria estabilidade. Se isso aconteceu com um grande profeta como Davi, cada um de nós deveria tremer e tomar cuidado. Logo, enquanto homens se iludem em tempos de tranquilidade com uma confiança em sua grande firmeza e paciência, eles aprendem a verdade sobre si quando humilhados por tempos de dificuldade. Os crentes, percebidos de suas próprias fraquezas por meio das provações, progridem na humildade e se despojam da confiança perversa na própria carne, rendendo-se à graça de Deus. Quando assim se rendem à graça de Deus, experimentam a presença do divino poder, no qual há socorro suficiente e abundante.

Ademais, Paulo ensina que "a tribulação produz perseverança; e a perseverança, experiência" (Rm 5.3-4); pois Deus prometeu aos fiéis que estaria com eles em tempos de tribulação. Os crentes, sendo amparados pela mão de Deus, experimentam essa

A essência da piedade

verdade enquanto pacientemente suportam os dias maus, já que não podem aturar essas tribulações com sua própria força. Logo, à medida que os santos suportam as tribulações, experimentam a provisão divina daquela força que ele prometeu nos dar em tempos de necessidade, de forma que a esperança deles também é fortalecida. Seria ingrato da parte deles não esperar descobrir, no fim, quão constante e segura a verdade de Deus é.

Vemos agora quantos benefícios relacionados derivam da cruz. A cruz destrói a falsa noção que temos de nossa própria força e destrói aquela hipocrisia na qual nos refugiamos e nos deleitamos. Despe-nos de nossa autoconfiança carnal e, assim, humilhando-nos, instrui-nos a nos lançar a Deus

A essência da piedade

apenas, de modo que não sejamos destruídos ou derrotados. Tal vitória é seguida de esperança, já que o Senhor, ao providenciar o que prometeu, estabelece sua veracidade com vistas ao que está à frente. Só por essas razões, já fica claro como é vital para nós a disciplina da cruz. Não é pouca coisa que sejamos despidos do nosso amor-próprio cego e nos tornemos cônscios de nossa própria fraqueza. Demais, quando nos impressionamos com nossas próprias fraquezas, aprendemos a perder a confiança em nós mesmos e transferi-la a Deus. Depois, descansamos nessa nossa confiança em Deus e dependemos da sua ajuda, perseverando invictos até o fim. Então, amparando-nos em sua graça, vemos que ele é verdadeiro nas promessas que faz. Por fim, confiantes na certeza de suas promessas, nossa esperança é fortalecida.

Outra razão pela qual o Senhor aflige o seu povo é provar a sua resistência e treiná-los na obediência. Eles não são capazes de produzir obediência, a menos que ele mesmo os encha de poder. No entanto, agrada-lhe iluminar e testificar, por claras provas, aquelas graças que ele concedeu aos santos, para que estas não fiquem ocultas e inutilizadas. Na Escritura, portanto, afirma-se que Deus testa a resistência de seus servos quando põe em evidência essa força e firmeza no sofrimento que ele mesmo lhes deu.

Assim Deus provou Abraão e confirmou sua devoção, quando este não se recusou a sacrificar seu único filho.

> Mas do céu lhe bradou o Anjo do Senhor: Abraão! Abraão! Ele respondeu: Eis-me aqui! Então, lhe disse: Não estendas a mão sobre o rapaz e nada lhe faças; pois agora sei que temes a Deus, porquanto não me negaste o filho, o teu único filho. (Gn 22.11-12)

Pedro, da mesma maneira, ensina que nossa fé é provada por tribulações, como o ouro é refinado numa fornalha. Não deveria esse excelente dom de resistência, que os fiéis recebem de seu Deus, ser colocado em uso e mostrar-se certo e evidente? Do contrário, os homens jamais reconheceriam o verdadeiro valor do dom da resistência. Mas o próprio Deus age justamente quando ordena circunstâncias que incitam as virtudes que ele deu aos crentes, para que tais virtudes não deixem de ser notadas, fiquem sem uso ou sejam desperdiçadas. Há, então, uma boa razão para as circunstâncias difíceis na vida dos santos, já que criam neles uma resistência.

Os crentes também são treinados em obediência pela cruz. Por isso, são ensinados a viver de acordo com a vontade de Deus, e não segundo a sua própria. Se tudo corresse de acordo com os seus próprios planos, jamais saberiam o que significa seguir a Deus. Até o filósofo Sêneca cita um provérbio antigo no qual os indivíduos são orientados a "seguir a Deus" enquanto são encorajados a suportar a adversidade.[1] O

---

[1] Sêneca expressa tal visão em sua obra *A vida feliz*.

provérbio aponta para a verdade de que uma pessoa definitivamente se submete ao jugo de Deus quando sua mão e suas costas são expostas à disciplina dele. Portanto, não deveríamos fugir de todas as maneiras como nosso Pai celestial nos molda na obediência, pois temos de nos provar obedientes a ele em todas as circunstâncias.

Contudo, se queremos compreender quanto precisamos desse treinamento na obediência, devemos relembrar quão propensa a nossa carne é de se livrar do jugo de Deus quando aproveitamos qualquer período de relativa paz e quietude. Nossa carne é como um cavalo teimoso que se torna selvagem, ingovernável e não reconhece o seu cavaleiro — não importa quanto lhe haja obedecido outrora — depois de passar vários dias pastando livre. Continuamente achamos em nós mesmos o que Deus lamentou no seu povo de Israel. Engordando e permanecendo no ócio, resistimos àquele que nos alimentou e nutriu.

> Mas, engordando-se o meu amado, deu coices; engordou-se, engrossou-se, ficou nédio e abandonou a Deus, que o fez, desprezou a Rocha da sua salvação. (Dt 32.15)

A benevolência de Deus deve nos levar a refletir e a nos deleitar em sua bondade. Contudo, nossa perversa ingratidão é tamanha, que enxergamos na benevolência divina uma causa para crescermos mimados. Portanto, devemos ser restringidos por alguma disciplina, a fim de que não nos tornemos obstinados, agindo perversamente por causa de nossa grande riqueza, ou nos tornando cheios de orgulho em decorrência de honras que tenhamos recebido, ou ficando arrogantes por causa dos outros bens que possuímos ou pelas circunstâncias em que nos achamos. Pelo remédio da cruz, o próprio Senhor providencialmente se opõe à ferocidade de nossa carne, conquista-a e restringe-a. Ele o faz de maneiras que servem, de forma única, ao bem-estar de cada crente, pois não somos oprimidos pelas mesmas doenças de forma idêntica ou com a mesma severidade, tampouco precisamos todos da mesma cura. Assim, vemos que cada crente está sujeito a diferentes tipos de cruz. Nosso médico celestial, tendo como propósito restaurar a saúde a todos nós, trata alguns com mais indulgência, ao passo que aplica remédios mais fortes a outros. Mas nenhum de nós é deixado intacto nem permanece imune ao seu remédio, uma vez que ele sabe que estamos todos doentes.

Ademais, para nos manter numa obediência que lhe seja apropriada, nosso Pai misericordioso não apenas antecipa nossas fraquezas, como também corrige, com frequência, as nossas falhas passadas. Portanto, quando somos afligidos, devemos trazer à mente nossa vida pregressa. Quando o fazemos, descobrimos, sem dúvida alguma, como nossas falhas passadas são dignas de qualquer disciplina que venhamos a receber.

Não obstante, não devemos deixar a consciência de nossos pecados passados

A essência da piedade

servir como a principal razão para o chamado a suportarmos o sofrimento. A Escritura nos fornece um motivo mais profundo ao ensinar que, por meio das circunstâncias adversas, estamos sendo disciplinados pelo Senhor para não sermos condenados com o mundo.

> Mas, quando julgados, somos disciplinados pelo Senhor, para não sermos condenados com o mundo. (1Co 11.32)

Logo, em meio à amargura das tribulações, devemos reconhecer a gentileza e misericórdia de nosso Pai para conosco; pois, mesmo em tais tribulações, ele não cessa de promover a nossa salvação. De fato, ele nos aflige não para a nossa ruína ou destruição, mas para nos livrar da condenação do mundo. Essa consciência leva-nos ao que a Escritura nos ensina em outro lugar: "Filho meu, não rejeites a disciplina do Senhor, nem te enfades da sua repreensão. Porque o Senhor repreende a quem ama, assim como o pai, ao filho a quem quer bem" (Pv 3.11-12). Quando discernimos o cajado de disciplina do nosso Pai em nossa vida, não devemos nos apresentar a ele como filhos obedientes e ensináveis, em vez de homens obstinados e desesperançosos que se endureceram pela transgressão?

Se Deus não nos trouxesse de volta para si por meio da correção após nos afastarmos, ele nos destruiria. Portanto, a Escritura corretamente afirma que, sem disciplina, somos bastardos, e não filhos.

> Mas, se estais sem correção, de que todos se têm tornado participantes, logo, sois bastardos e não filhos. (Hb 12.8)

Somos, pois, realmente perversos se fugimos dele enquanto nos manifesta sua bondade e seu cuidado pela nossa salvação. A Escritura ensina que há uma diferença entre os crentes e os ímpios. Os incrédulos tornam-se piores e mais obstinados como consequência dos flagelos recebidos, já que são escravos de uma perversidade grave e profundamente arraigada. Os crentes, por sua vez, arrependem-se como indivíduos dotados da condição de filhos. Escolha, então, qual desses você será. Mas, visto que falei em outros lugares sobre esse assunto,[2] encerrarei essa discussão, satisfeito por tê-lo abordado aqui de maneira sucinta.

Além do mais, temos uma consolação particular quando sofremos perseguição pela justiça, em meio à qual devemos considerar o quanto Deus, assinalando-nos com a marca que seus soldados estampam, condescende em nos honrar. Quando falo de sofrer pela justiça, tenho em mente não apenas aqueles que são oprimidos pela sua defesa do Evangelho, mas também aqueles que encontram opressão por defenderem a justiça, não obstante a maneira como o façam. Se, então, afirmamos a verdade de Deus contra as mentiras de Satanás ou

---

2 Veja a discussão de Calvino sobre arrependimento, novo nascimento e pecado interior (*Institutas* 3.3.9–11).

A essência da piedade

assumimos a causa do que é bom e inocente contra as injustiças da perversidade, nós necessariamente encontraremos o descontentamento e ódio do mundo. Em decorrência disso, pode sobrevir perigo para nossa vida, nossa propriedade e nossa honra. Em tais circunstâncias, não devemos pensar que seja coisa dolorosa ou problemática devotarmo-nos a Deus desse modo. Não devemos nos julgar miseráveis quando, pela sua própria boca, ele nos declara bem-aventurados.

> Bem-aventurados os perseguidos por causa da justiça, porque deles é o reino dos céus. (Mt 5.10)

A essência da piedade

A pobreza é, de fato, miséria, caso a consideremos em si mesma. Da mesma forma, exílio, escárnio, prisão e desonra são miséria. Por último, há a morte, a calamidade final. Porém, quando o favor de Deus repousa sobre nós, nenhuma dessas coisas ameaça nossa felicidade. Obtemos, portanto, maior contentamento do testemunho de Cristo a nosso respeito do que das vãs opiniões de nossa própria carne.

Logo, dar-se-á que, segundo o exemplo dos apóstolos, nós nos regozijaremos quando ele nos considerar dignos de sofrer afronta por seu nome (At 5.41). E então? Embora inocentes e de consciência limpa, podemos ser despojados de nossos recursos pela perversidade dos ímpios e reduzidos à pobreza na visão dos homens, mas, diante de Deus, no céu, nossas riquezas serão realmente aumentadas por meio dessas privações. Podemos ser despejados de nossas casas, mas, em decorrência disso, somos atraídos mais intimamente para a morada de Deus. Podemos ser assediados e desprezados, mas, em virtude disso, levamos as nossas raízes a se aprofundarem mais em Cristo. Podemos ser marcados com afrontas e desonra, mas, devido a isso, ganhamos uma posição mais honrosa no reino de Deus. Podemos ser abatidos, mas, graças a isso, uma porta para a vida abençoada nos é aberta. Devemos nos envergonhar de pensar menos naquelas coisas que Deus valoriza do que nos prazeres superficiais e efêmeros desta vida presente.

A essência da piedade

A Escritura, então, conforta-nos abundantemente por esses ensinamentos e por outros semelhantes quando experimentamos a desonra e injúria na defesa do que é correto. Mostramo-nos, então, ingratos quando não as recebemos de boa vontade da mão do Senhor. Essa forma de cruz, pela qual Cristo deseja ser glorificado em nós, é exclusiva dos crentes, como Pedro também ensina.

> Se, pelo nome de Cristo, sois injuriados, bem-aventurados sois, porque sobre vós repousa o Espírito da glória e de Deus. (1Pe 4.14)

Todavia, já que nós, por impulso natural, julgamos o tratamento desonroso pior do que uma centena de mortes, Paulo lembra-nos que, como cristãos, experimentaremos não apenas perseguição, mas também desgraça. Isso se dá porque depositamos nossa esperança no Deus vivo (1Tm 4.10). Em outro lugar, Paulo nos orienta a caminhar segundo o seu próprio exemplo, quer nos caluniem, quer nos elogiem (2Co 6.8).

No entanto, o contentamento que é exigido de nós no meio da perseguição não destrói todos os sentimentos de aflição e pesar; pois a resistência dos santos em relação à cruz não seria chamada de resistência se eles não fossem atormentados com pesar e sufocados com dor. Se não houvesse dificuldade na pobreza, sofrimento na doença, tormento na desgraça, horror na morte, enfrentaríamos essas coisas indiferentemente. Qual coragem ou perseverança poderia, então, ser creditada a nós? Cada uma dessas coisas, em virtude de sua própria amargura inerente, poderia natural e inteiramente consumir nossa alma. Porém, em meio a elas, a coragem do crente é provada. Embora severamente oprimido e tocado por certo sentimento de amargura, o crente, no entanto, luta corajosamente contra esse sentimento e, no fim, persevera. É em meio a esses sentimentos que a resistência do crente se revela. Embora provocado impiedosamente, ele é impedido de irromper em ira pelo temor de Deus. Assim, a firmeza do crente resplandece. Conquanto ferido pela aflição e pelo pesar, ele descansa no conforto espiritual de seu Deus.

Paulo descreve apropriadamente a guerra que os crentes travam contra os sentimentos naturais de angústia em sua busca de resistência e perseverança: "Em tudo somos atribulados, mas não angustiados; perplexos, mas não desanimados. Perseguidos, mas não desamparados; abatidos, mas não destruídos" (2Co 4.8-9). Vemos que carregar a cruz com persistência não significa que uma pessoa seja absolutamente anestesiada ou privada de cada sentimento de pesar. Os estoicos antigos tolamente idealizaram esse tipo de pessoa — aquela que, tendo-se despido de toda a humanidade, tem sempre a mesma sensação, quer encontre adversidade, quer prosperidade; quer pesar, quer sucesso. Eles idealizaram até mesmo aquele que, como uma pedra, não sente nada. O que os estoicos alcançaram com essa sublime sabedoria? Pintaram um retrato da resistência que nunca foi encontrado nem pode existir entre os homens. De fato, enquanto desejavam representar a resistência de forma fiel e precisa, privaram a humanidade do poder da resistência genuína.

Hoje, da mesma forma, há entre os cristãos novos estoicos que pensam ser um vício não apenas murmurar e lamentar, mas até mesmo estar triste ou chateado. Com efeito, essas ideias ridículas geralmente vêm de homens ociosos. Eles empregam mais tempo em observação do que em ação e não podem produzir nada mais do que fantasias. Mas essa cruel filosofia não é nada para nós. Nosso Mestre e Senhor a condena não apenas pela palavra, mas também pelo exemplo. Nosso Senhor murmurou e lamentou tanto pelas suas próprias circunstâncias difíceis como pelas dos outros. Além disso, não ensinou a seus discípulos algo diferente: "O mundo", afirmou, "se alegrará, e vós estareis tristes, mas a vossa tristeza se converterá em alegria" (Jo 16.20). E, para que ninguém transformasse tal pranto e lamentação em pecado, ele expressamente declarou que aqueles que choram serão abençoados.

> Bem-aventurados os que choram, porque eles serão consolados [...]. (Mt 5.4)

Não é de surpreender. Afinal, se todas as lágrimas são condenadas, o que faremos com o nosso próprio Senhor, de cujo corpo escorreram gotas de sangue (Mt 26.28; Lc 22.44)? Se todo medo é julgado como falta de fé, que lugar daremos àquele temor que, de acordo com a Escritura, oprimiu-o tão fortemente? Se toda tristeza deve ser rejeitada, como aceitaremos que sua alma estava pesarosa a ponto de morrer (Mt 26.38)?

Afirmei essas coisas sobre a nossa experiência no sofrimento para impedir que os piedosos se desesperem, isto é, para impedi-los de abandonar imediatamente a busca pela resistência porque não podem se livrar do sentimento natural de pesar. Esse desespero e abandono virão para aqueles que transformam a resistência em indiferença. Eles tornarão um homem corajoso e fiel em um poste de madeira. Antes, a Escritura louva os santos pela resistência quando nós, embora abatidos pelas circunstâncias más, permanecemos firmes e inabalados; quando nós, embora afligidos pela amargura, somos, ao mesmo tempo, preenchidos com alegria espiritual; quando nós, embora oprimidos pela ansiedade, respiramos livremente, animados pela consolação de Deus. Entretanto, vive dentro de nosso coração uma repulsa pelas circunstâncias más por causa de nossa disposição natural de fugir das realidades adversas e, em face delas, retroceder. Ainda assim, a afeição piedosa se esforça pela obediência à vontade divina, mesmo em meio às dificuldades. Essa repulsa à adversidade foi notada por nosso Senhor quando disse a Pedro: "Na verdade, na verdade te digo que, quando eras mais moço, te cingias a ti mesmo, e andavas por onde querias; mas, quando já fores velho, estenderás as tuas mãos, e outro te cingirá, e te levará para onde tu não queiras" (Jo 21.18).

A essência da piedade

Por óbvio, é improvável que Pedro, quando chegou sua hora de glorificar a Deus através de sua morte, tenha sido arrastado para ela indisposto e resistente. Se tal fosse o caso, ele teria recebido pouco louvor pelo seu martírio. Contudo, mesmo que ele tenha obedecido à vontade divina com o mais alto grau de entusiasmo no coração, padecia de uma vontade dividida, pois não podia lançar fora sua humanidade. Quando ele refletiu sobre a morte selvagem que sofreria, foi atingido pelo horror e teria fugido de boa vontade. Mas o pensamento de que era chamado para aquela morte pela ordem do próprio Deus veio, então, ao seu encontro, conquistando e esmagando seu medo, para que, pronto e contente, ele se submetesse à morte.

A essência da piedade

Se, então, queremos ser discípulos de Cristo, nosso alvo deve ser inundar a própria mente com uma espécie de sensibilidade e obediência a Deus capaz de domar e subjugar todos os impulsos naturais contrários aos seus mandamentos. Assim fazendo, não importará qual tipo de cruz seja colocada sobre nós. Resistiremos firmemente, mesmo nos maiores apertos da alma. De fato, as circunstâncias adversas continuarão amargas, e nós sentiremos o seu peso. Quando afligidos pela doença, murmuraremos, agitar-nos-emos e esperaremos por saúde. Quando perseguidos pela pobreza, sentiremos os aguilhões da tristeza e ansiedade. Suportaremos o peso do sofrimento na desonra, no desprezo e na injustiça. Quando nossos amados morrerem, naturalmente choraremos. Mas esta será sempre a nossa conclusão: apesar de tudo, é a vontade do Senhor. Portanto, sigamos a sua vontade. De fato, esse pensamento deve fazer-se presente em meio ao aguilhão do sofrimento e aos nossos lamentos e lágrimas, a fim de inclinar nosso coração para suportar aquelas coisas com que é afligido.

Já que encontramos na vontade de Deus a principal razão para suportar a cruz, devo brevemente explicar a diferença entre a forma cristã de lidar com o sofrimento e aquela promovida pela sabedoria mundana dos filósofos. Na verdade, pouquíssimos filósofos chegaram a perceber que a mão de Deus nos molda através da aflição, e pouquíssimos reconheceram que nosso papel na aflição é submetermo-nos a Deus. De fato, eles não oferecem razão para suportar o sofrimento, exceto o fato de que o sofrimento faz parte da vida. Mas isso não é nada mais do que dizer: "Nós devemos nos submeter a Deus, já que é vão lutar contra ele". Se, porém, nos submetemos a Deus só porque julgamos o sofrimento necessário — supondo que poderíamos escapar —, já não obedecemos a Deus de forma genuína.

Mas a Escritura nos chama para ver algo muito diferente na vontade de Deus, a saber, a equidade, a justiça e, então, a preocupação com a nossa salvação.

> E sabemos que todas as coisas contribuem juntamente para o bem daqueles que amam a Deus, daqueles que são chamados segundo o seu propósito. (Rm 8.28)

Assim, as exortações cristãs para suportar o sofrimento são deste tipo: se sofremos pobreza, exílio, prisão, desprezo, doença, falta de filhos ou qualquer outra coisa, lembremo-nos de que nada acontece fora da vontade e da providência de Deus e que ele mesmo não faz nada que não esteja em perfeita ordem. E então? Nossas inúmeras e frequentes falhas não merecem punições mais severas e pesadas do que aquelas que ele, por sua misericórdia, lançou sobre nós? Não é justo que a nossa carne seja domada e acostumada com o jugo, a fim de impedi-la de esbaldar-se na concupiscência de sua disposição natural? A justiça e a verdade de Deus não são causas dignas pelas quais sofrer?

Contudo, se a imparcialidade de Deus é verdadeiramente revelada em nossos sofrimentos, não podemos reclamar ou lutar contra eles sem culpa. Assim, não ouvimos aquela música frígida: "Renda-se, pois esse sofrimento é necessário". Antes, ouvimos a instrução que é vívida e cheia de poder: "Submeta-se, pois não é certo resistir. Suporte, porque a indisposição de fazê-lo é desafiar a justiça de Deus". Porém, já que, no fim, nós apenas achamos atrativas aquelas coisas que percebemos servir para o nosso bem e bem-estar, nosso Pai bondoso também nos conforta desta maneira: garantindo-nos que ele trabalha para nossa salvação por aquela cruz com a qual nos aflige. Se é claro que as tribulações trabalham para nossa salvação, não deveríamos aceitá-las com um espírito grato e calmo? Ao carregá-las com persistência, não cedemos à necessidade, mas consentimos com nosso próprio bem.

Tais considerações carregarão este fruto: por mais que nosso espírito seja esmagado debaixo da cruz, naturalmente adverso à sua amargura, ele se alargará em igual medida com gozo espiritual. Isso dará ensejo às ações de graça, que não podem existir sem alegria, visto que ações de graça e louvor ao nosso Senhor podem brotar apenas de um coração satisfeito e alegre. Se não há nada que possa impedir as ações de graça e louvor em nós, torna-se claro que a amargura da cruz deve ser temperada com a alegria espiritual.

Capítulo 4

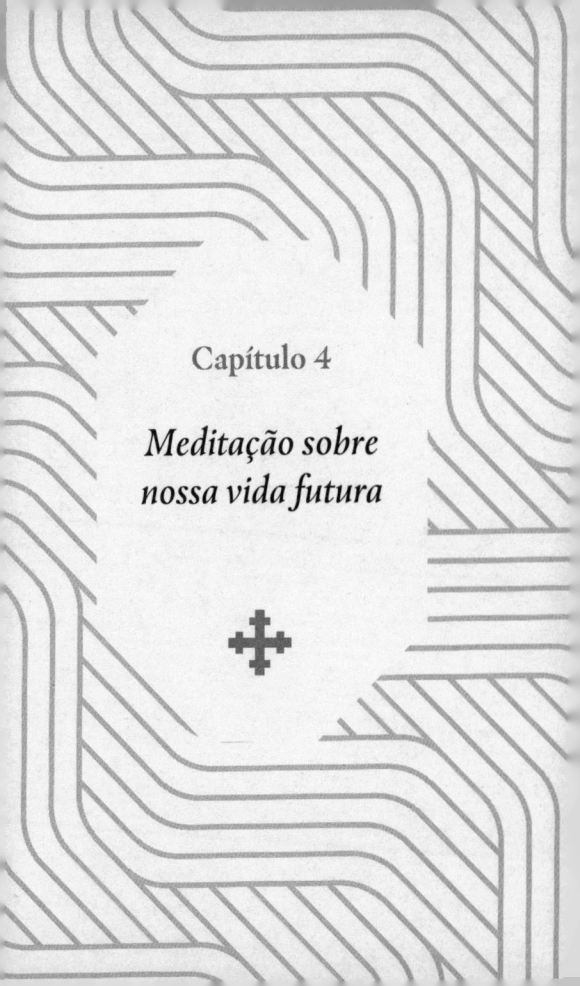

Meditação sobre nossa vida futura

A essência da piedade

Qualquer que seja o problema que nos sobrevenha, devemos sempre colocar nossos olhos no propósito de Deus de nos instruir a pensar pouco nesta vida presente e nos inspirar a pensar mais sobre a vida futura. Pois Deus bem sabe que somos grandemente inclinados a amar este mundo pelo nosso instinto natural. Por isso, ele usa os melhores meios para nos trazer de volta e nos tirar dessa dormência, a fim de que não afundemos inteiramente no lamaçal do nosso amor por este mundo.

Todos nós, ao longo de toda a vida, queremos agir como se aguardássemos a imortalidade celestial e nos esforçássemos urgentemente para obtê-la. De fato, julgamos vergonhoso não nos distinguirmos de certo modo dos animais brutos, cujas condições seriam muito similares às nossas, se não aguardássemos a eternidade depois da morte. Mas examine os planos, buscas e ações de quem quiser, e você verá como são inteiramente mundanos. É assim que notamos nossa própria estupidez. Nossa mente, entorpecida pelo brilho ofuscante da riqueza vazia, do poder e da honra, não pode enxergar além dessas coisas, enquanto nosso coração, sobrecarregado de ambição e cobiça por lucro, não pode ascender para além delas. Em resumo, nossa alma toda, emaranhada nas tentações da carne, busca sua felicidade na terra.

Para resistir a essa impiedade, o Senhor ensina o seu povo sobre o vazio desta vida presente através das lições constantes sobre o sofrimento. Logo, para que o seu povo não espere a paz sublime e imperturbável nesta vida, ele permite que sejam frequentemente afligidos e perturbados por guerras, revoltas, roubos e outras injúrias. Para que não se deslumbrem com tanta ganância ante as riquezas frágeis e vacilantes ou descansem naquilo que já possuem, Deus os reduz à pobreza ou, pelo menos, os restringe com pouca riqueza, por meio do exílio, esterilidade da terra, fogo ou outros meios. A fim de que não se atraiam muito pelas vantagens da vida marital, ele permite que sejam frustrados pelas ofensas de seus cônjuges, humilha-os com a maldade de seus filhos ou os aflige com a perda de um filho. No entanto, há ocasiões em que Deus lida mais gentilmente com o seu povo. Ainda assim, quando o faz, para que eles não se tornem cheios de orgulho ou inflados com autoconfiança, ele coloca à sua frente doença e perigo, para lhes ensinar quão instáveis e passageiras são essas coisas boas que sobrevêm aos homens, os quais estão sujeitos à morte.

> Foi-me bom ter sido afligido, para que aprendesse os teus estatutos. (Sl 119.71)

No fim, nós nos beneficiamos da disciplina da cruz de maneira apropriada quando aprendemos que esta vida, considerada em si mesma, é atribulada, turbulenta e afligida por muitas misérias, nunca inteiramente feliz, e que quaisquer coisas que consideremos boas nesta vida são incertas, passageiras, vãs e corrompidas, visto que misturadas com muitos males. Da mesma maneira, concluímos disso que não devemos esperar e ansiar por nada além de dificuldades nesta vida e que temos de colocar nossos olhos no céu, onde esperamos receber nossa coroa. Então, de fato, devemos perceber que nossa alma nunca alcançará de verdade o desejo e contemplação da vida futura até que seja encharcada de escárnio durante esta vida presente.

Não há meio-termo entre estas duas coisas: ou a terra se torna sem valor para nós, ou continuamos ligados pelas correntes do amor extravagante por ela. Se, então, nos importamos com a eternidade, devemos fazer todo esforço para nos livrar dessas correntes. Evidentemente, esta vida presente tem muitas atrações que nos seduzem — muitas formas de conforto, charme e doçura. A fim de que não sejamos enfeitiçados, devemos constantemente ser afastados dessas tentações. Que seria de nós se gozássemos de fortuna e prazer perpétuos, uma vez que até mesmo as dores constantes da desventura falham em nos despertar para uma reflexão adequada sobre nossa própria miséria? A vida do homem é como vapor ou sombra.

> Que é a vossa vida? É um vapor que aparece por um pouco, e depois se desvanece. (Tg 4.14)

Não apenas os instruídos entendem isso. Pessoas comuns também conhecem essa verdade tão repetida e, julgando útil lembrá-la, realçam-na em muitos provérbios famosos. Mas não há nada que tragamos à

A essência da piedade

nossa mente e em que pensemos com tão pouco cuidado quanto essa verdade, pois todos fazemos nossos planos como se estivéssemos construindo a imortalidade por nós mesmos neste mundo. Se passamos por um funeral ou andamos entre os túmulos, eloquentemente filosofamos sobre o vazio da vida, porque nossos olhos são confrontados com a imagem da morte. Entretanto, isso nem sempre acontece, já que essas coisas frequentemente não nos impressionam — ainda que nos impressionem, nosso amor pela sabedoria é momentâneo. Ele desaparece assim que viramos nossas costas, sem deixar rastro em nossa memória. Em suma, desaparece como o aplauso no teatro, diante de um espetáculo agradável. Esquecendo-nos não apenas da morte, mas até da mortalidade em si — como se nenhum rumor dela nos tivesse chegado aos ouvidos —, retornamos à segurança ociosa da imortalidade terrena. Se, nesse meio-tempo, alguém nos interrompe com o provérbio de que o homem é nada mais do que uma coisa momentânea, nós reconhecemos que é assim mesmo, mas damos tão pouca atenção, que a sensação de nossa permanência continua firmemente impressa na mente.

Quem, portanto, pode negar quão valioso é não apenas sermos lembrados da condição miserável de nossa vida terrena com palavras, mas também sermos convencidos pelas coisas que acontecem conosco? Isso se dá especialmente porque, mesmo quando dominados pelas misérias da vida, nós mal conseguimos parar de contemplar

A essência da piedade

a vida presente com admiração depravada e estúpida, como se aí estivessem todos os nossos bens. No entanto, se Deus deseja nos ensinar dessa maneira, é nosso dever nos virarmos para ouvi-lo quando ele nos chama, despertando-nos de nosso sono, a fim de que nos esforcemos com todo o nosso coração para desprezar o mundo e meditar sobre a vida futura.

Todavia, o desprezo por esta vida presente que os crentes precisam cultivar não deve produzir ódio por ela ou ingratidão para com Deus. Esta vida, conquanto transborde de todo tipo de misérias, ainda tem de ser considerada uma das bênçãos de Deus, as quais não devem ser repudiadas. Somos culpados de ingratidão a Deus se não somos capazes de reconhecer algo da bênção divina nesta vida. De fato, especialmente os crentes deveriam enxergar provas da bondade divina nesta vida, já que tudo nela foi designado para sua própria salvação. Antes que ele nos apresente de forma aberta a nossa herança da glória eterna, Deus deseja declarar-se nosso Pai através de provas menores. Tais provas são as dádivas que nos concede todos os dias.

Se, então, esta vida nos ajuda a entender a bondade de Deus, deveríamos torcer nosso nariz para ela como se não contivesse nem sequer uma migalha de benefício para nós? Portanto, é certo que nos revistamos desta atitude e afeição: que consideremos esta vida entre as dádivas da bondade divina que não devem ser descartadas.

Com efeito, como se os testemunhos da Escritura (que são numerosos e claros) fossem insuficientes, a natureza em si também nos encoraja a render graças ao Senhor. Ele nos trouxe para a luz do mundo e nos permitiu aproveitá-la. Ele nos deu, com abundância, todo meio necessário para a preservação da vida. Há, ademais, uma razão muito maior para gratidão se recordamos, enquanto nesta vida, que nós estamos, de alguma maneira, sendo preparados para a glória de seu reino celestial. Pois o Senhor ordenou as coisas de forma que aqueles que, um dia, serão coroados no céu encontrarão, primeiro, dificuldades na terra. Desse modo, ninguém triunfará sem, antes, sobreviver às agruras da guerra e obter a vitória.

Há, em seguida, outra razão para a gratidão: nós começamos nesta vida, por várias bênçãos, a sentir a doçura da bondade de

A essência da piedade

Deus, cuja expressão plena nossa esperança e desejo são provocados a perseguir. Uma vez que tenhamos concluído que esta nossa vida terrena é um presente da misericórdia divina — e que uma recordação grata dessa realidade é obrigação nossa —, nós nos debruçamos, com acerto, para considerar a condição miserável desta vida. Por tal consideração, desprendemo-nos do desejo excessivo por ela, o qual, como foi dito, é nossa inclinação natural.

Nosso desejo por uma vida melhor, então, deve crescer de tal forma, que sejamos arrastados para longe de nosso amor corrompido por esta vida. Confesso que aqueles que pensavam ser melhor não terem nascido ou que seria quase tão bom terem morrido jovens raciocinaram bem.[1] Visto que tais homens careciam da luz de Deus e da verdadeira religião, o que poderiam ver nesta vida que não fosse faltoso e lastimável? Tampouco eram irracionais aqueles que compareceram ao nascimento de parentes com pesar e lágrimas, mas aos seus funerais com alegria solene.[2] Esse sentimento era inútil para eles porque, faltando-lhes a instrução adequada da fé, não entendiam como algo que não era abençoado nem desejado em si poderia resultar em bem para os justos. Assim, em desespero, levavam a cabo o próprio raciocínio.

---

1 Autores da Antiguidade como Teógnis, Heródoto e Cícero expressaram esses sentimentos.
2 Tal ocasião é gravada por Cícero em sua citação de um trabalho perdido de Eurípedes.

Logo, o alvo dos crentes — quando avaliam esta vida mortal e percebem que não é nada em si mesma senão miséria — deve ser voltarem-se inteira, rápida e espontaneamente para a contemplação do futuro e da vida eterna, em contraste com os quais esta vida presente pode não apenas ser seguramente desconsiderada, mas, em vista daquela vida por vir, completamente desprezada e desdenhada. Se o céu é o nosso lar, o que a terra é senão nosso lugar de exílio? Se partir deste mundo é a entrada para a vida, o que é este mundo senão o túmulo? O que é continuar nesta vida senão permanecer submerso na morte? Se estar liberado do corpo significa apoderar-se da liberdade real, o que é o corpo senão uma prisão? Se o ápice da felicidade consiste na satisfação da presença de Deus, não é miséria estar longe dela? Porém, até que escapemos deste mundo, "estamos ausentes do Senhor" (2Co 5.6).

Portanto, a vida terrena, quando comparada com a celestial, deve ser condenada e desprezada sem pensarmos duas vezes. Não deveria nunca ser odiada, exceto na medida em que nos torna sujeitos ao pecado — embora, propriamente falando, o nosso ódio deveria ser contra o pecado, e não contra a vida em si. Conquanto sejamos tão movidos pelo aborrecimento e ódio por esta vida que desejemos seu fim, devemos estar preparados para permanecer nela de acordo com a vontade do Senhor. Assim, nosso aborrecimento não resultará em reclamação e impaciência, pois o Senhor nos colocou em um posto avançado, e nós devemos manter a guarda aqui até ele nos chamar para casa. Com efeito, Paulo, sendo mantido em cativeiro por tanto tempo nos laços da carne, lamentou sua condição e, com um desejo ardente, suspirou por libertação.

> Desventurado homem que sou! Quem me livrará do corpo desta morte? (Rm 7.24)

No entanto, a fim de se submeter à vontade de Deus, ele se declarou pronto para o que quer que viesse (Fp 1.23-24). Ele percebeu que seu dever para com Deus era glorificar o nome dele, fosse pela morte, fosse pela vida (Rm 14.8). Mas é prerrogativa de Deus decidir o que melhor convém à sua glória.

A essência da piedade

Se, então, devemos viver e morrer para o Senhor, deixemos a ele a decisão de quando a vida de cada um de nós se encerrará, mas que o façamos de tal maneira que ardamos de desejo pelo fim desta vida e permaneçamos em constante meditação sobre a vida por vir. De fato, considerando nossa imortalidade futura, desconsideremos esta vida. Levando em conta o poder do pecado nesta vida, desejemos abrir mão dela assim que o Senhor o queira.

É notável, porém, como muitos que se vangloriam por serem cristãos estão possuídos mais pelo medo do que pelo desejo pela morte. Eles tremem à menor menção da morte, como se fosse algo ameaçador e desastroso. Evidentemente, é normal que nossos sentidos naturais reajam contra a notícia de nossa própria ruína. Mas é inteiramente inapropriado que falte aos cristãos a luz da piedade que conquista e suprime o medo por meio de uma consolação mais forte. Se nos lembrarmos de que este tabernáculo instável, vicioso, corruptível, efêmero, decadente e apodrecido de nossa carne será desfeito para sermos subsequentemente renovados em uma glória contínua, perfeita, incorruptível e, em suma, celestial, então, a fé nos compelirá a desejar fervorosamente essa mesmíssima morte que a natureza teme. Se recordarmos que, em virtude da morte, somos chamados do exílio para habitar no lar — de fato, nosso lar celestial —, o que pode esse pensamento produzir a não ser conforto?

A essência da piedade

Alguns podem questionar: "Toda criatura almeja ser permanente". Eu mesmo o admito, claro. Na verdade, estou argumentando que, por esse motivo, deveríamos mirar a imortalidade futura, onde aquela condição permanente que nunca aparece na terra prevalecerá. Paulo, com acerto, ensinou os crentes a se achegarem à morte alegremente, não desejando serem despidos, mas vestidos (2Co 5.2-4). Até mesmo animais brutos e criaturas sem vida — mesmo árvores e pedras —, sendo conscientes de sua presente efemeridade, aguardam o dia da ressureição final, quando serão libertos da corrupção junto com os filhos de Deus.

> A ardente expectativa da criação aguarda a revelação dos filhos de Deus. (Rm 8.19)

Já que somos dotados com a luz da inteligência e, ainda mais, iluminados pelo Espírito de Deus, não deveríamos elevar nossa mente mais alto do que esta terra decaída quando somos atormentados pela nossa existência?

Todavia, este não é o momento nem o lugar para tratar de problemas como o medo da morte. Já no início deste trabalho, declarei que tenho pouco desejo de me apegar a longas discussões sobre tópicos comuns. Aqueles cujas almas temem a morte devem ler o livreto de Cipriano sobre esse assunto[3] ou talvez devam ser instruídos a ler os filósofos, cujo desprezo pela morte envergonharia tal alma temerosa. Lembrem-se,

---

3 Cipriano, *Sobre a mortalidade*.

contudo, desta verdade: ninguém que não espera alegremente pela morte e pelo dia de sua ressurreição final pode dizer que fez muito progresso na escola de Cristo, uma vez que Paulo identifica todos os crentes por essa característica.

> Porquanto a graça de Deus se manifestou salvadora a todos os homens, educando-nos para que, renegadas a impiedade e as paixões mundanas, vivamos, no presente século, sensata, justa e piedosamente, aguardando a bendita esperança e a manifestação da glória do nosso grande Deus e Salvador Cristo Jesus, o qual a si mesmo se deu por nós, a fim de remir-nos de toda iniquidade e purificar, para si mesmo, um

povo exclusivamente seu, zeloso de boas obras. (Tt 2.11-14)

A Escritura, na mesma frequência com que demonstra a razão para uma alegria sólida, também nos orienta a considerar essas coisas. "Exultai", diz o Senhor, "e erguei a vossa cabeça; porque a vossa redenção se aproxima."[4] Por que aquilo que o Senhor planejou para nos estimular à alegria e ao contentamento deveria produzir em nós apenas tristeza e receio? Se é assim que nos sentimos, como ainda podemos gloriar-nos nele como se fosse o nosso mestre? Desenvolvamos, então, um padrão de mente mais razoável. Mesmo que o desejo cego e estúpido de nossa carne se nos oponha, não hesitemos

---

4   Veja Lucas 21.28.

em desejar a vinda do Senhor — não apenas com vontade, mas também gemidos e suspiros — como o maior de todos os eventos. Pois ele vem como nosso Redentor para nos resgatar deste redemoinho imenso de males e misérias e nos guiar para a herança abençoada de sua própria vida e glória.

Isto é certo: todo o corpo de crentes, enquanto ainda na terra, deve ser como ovelhas destinadas ao matadouro. É assim que se conformam com Cristo, seu cabeça (Rm 8.36). Eles serão miseráveis se não colocarem a própria mente no céu e, então, se elevarem acima de tudo no mundo, atravessando a superfície das presentes circunstâncias (1Co 15.19). Quando finalmente elevarem a cabeça acima desta terra — embora vejam os ímpios vestidos em riquezas e prêmios, desfrutando da maior tranquilidade, exibindo todo tipo de esplendor e luxo e abundando em todo tipo de prazer; mesmo que, ainda mais, sejam atacados maldosamente pelos ímpios, insultados arrogantemente por eles, explorados pela sua avareza ou assediados pelos seus desejos de alguma maneira —, ainda assim, os crentes suportarão esses males. Pois eles fixarão os olhos naquele dia quando o Senhor receberá seu povo fiel na paz de seu reino, secará toda lágrima de seus olhos, porá neles vestimentas de glória e alegria, alimentá-los-á com a doçura indescritível de seus próprios prazeres, levantá-los-á para a comunhão em suas sublimes alturas e, finalmente, lhes concederá participação em sua própria alegria (Is 25.8; Ap 7.17).

A essência da piedade

Contudo, ele lançará o perverso que prosperou na terra em desgraça total. Ele transformará seus prazeres em sofrimento, sua risada e deleite em lágrimas e gritos; perturbará sua tranquilidade com dores de consciência; punirá sua autoindulgência com fogo inextinguível; e o sujeitará ao piedoso, cuja paciência ele exauriu. Porque, como Paulo testifica, é certo que os miseráveis e os injustamente afligidos recebam descanso, assim como é certo que os maldosos que atormentaram os piedosos recebam aflição, quando o Senhor Jesus for revelado do céu (2Ts 1.6-7). Essa, sem dúvidas, é a nossa maior consolação. Roubados dessa consolação, exasperar-nos-emos na alma ou buscaremos consolo, para nossa própria destruição, nos confortos vazios deste mundo.

A essência da piedade

De fato, até mesmo o profeta confessou que seus pés quase deslizaram quando considerou por muito tempo a prosperidade dos ímpios na era presente. Ele não podia se firmar de qualquer outra maneira senão entrando no santuário de Deus e considerando de novo o fim do piedoso e o fim do perverso.

> Em só refletir para compreender isso, achei mui pesada tarefa para mim; até que entrei no santuário de Deus e atinei com o fim deles. (Sl 73.16-17)

Para resumir tudo em uma palavra: a cruz de Cristo finalmente triunfa no coração dos crentes — acima do diabo, da carne, do pecado e da maldade — quando seus olhos estão fixos no poder da ressurreição.

Capítulo 5

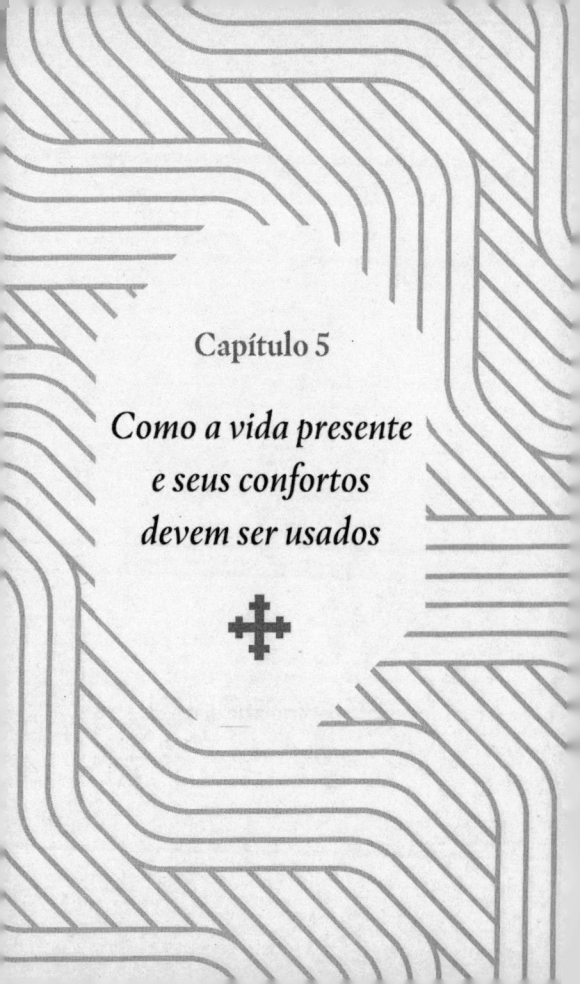

Como a vida presente e seus confortos devem ser usados

✠

A essência da piedade

Por meio dessas lições, a Escritura também nos ensina, de forma plena, como devemos usar corretamente as coisas boas desta terra. Esse é um assunto que não deve ser negligenciado no esboço de uma regra para a vida. Se estamos vivos, devemos fazer uso dos suportes necessários desta vida. Não devemos evitar aquelas coisas que parecem servir para o nosso prazer mais do que para nossa necessidade. Antes, devemos observar algumas regras para que possamos usar as coisas deste mundo — quer sirvam para a necessidade, quer para o deleite — com uma consciência pura.

O Senhor prescreve essa regra em sua Palavra quando diz que esta vida presente é um tipo de peregrinação para o seu povo, durante a qual eles viajam ansiosamente em direção ao reino celeste. Se estão meramente passando por esta terra, sem dúvida devem fazer uso dos bens apenas na proporção em que mais auxiliam do que atrapalham a sua jornada. Logo, é com boa razão que Paulo nos incita a fazer uso deste mundo como se não o estivéssemos usando e, similarmente, a comprar as coisas como se estivéssemos para vendê-las.

> Isto, porém, vos digo, irmãos: o tempo se abrevia; o que resta é que não só os casados sejam como se o não fossem; mas também os que choram, como se não chorassem; e os que se alegram, como se não se alegrassem; e os que compram, como se nada possuíssem; e os que se utilizam do mundo, como se dele não

usassem; porque a aparência deste mundo passa. (1Co 7.29-31)

Porém, já que isso é, de fato, um chão escorregadio com encostas íngremes em todas as direções, devemos lutar para colocar nossos pés onde possamos ficar firmes. Houve alguns homens — bons e santos em outros aspectos — que viram que a autoindulgência e a luxúria são, por causa do desejo desenfreado, perpetuamente levadas longe demais. Esses homens entenderam que a autoindulgência e a luxúria precisavam ser severamente refreadas. Logo, para corrigir esse difícil problema, inventaram uma regra para confrontá-lo, permitindo aos homens que usassem os bens físicos apenas na proporção em que a autoindulgência e a luxúria fossem necessárias para a vida. Seu conselho era certamente piedoso, mas eles eram muito severos no que demandavam dos homens, posto que vinculavam a consciência deles mais estreitamente do que a Palavra do Senhor, o que é muito perigoso. Na verdade, eles tornaram necessário abster-se de todas as coisas que não são essenciais para a vida. Portanto, de acordo com eles, mal se pode comer e beber qualquer coisa além de pão e água. Outros eram ainda mais severos, como Crato de Tebas, que, supostamente, lançou suas riquezas no mar porque acreditava que seria destruído por elas caso não fossem destruídas.

Mas muitos hoje procuram uma brecha para justificarem o desejo excessivo da carne no uso das coisas exteriores. Enquanto isso, desejam abrir caminho para a autoindulgência. Então, tomam como fato o que não admito: que a liberdade ao usar coisas externas não deve ser restrita de qualquer maneira e que a consciência de cada homem deve dizer como fazer uso delas conforme julgar conveniente. Eu mesmo reconheço que as consciências não podem nem devem ser vinculadas por estatutos fixos e precisos nessas questões. Porém, já que a Escritura nos dá regras gerais para o uso apropriado de coisas externas, devemos nos restringir certamente de acordo com esses princípios.

Não cometeremos erro no uso das dádivas de Deus desde que sejamos governados pelo propósito do autor ao criá-las e designá-las para nós, porque verdadeiramente ele as criou para o nosso bem, e não para nossa ruína. Ninguém, portanto, seguirá um curso mais seguro do que aquele que considera cuidadosamente esse propósito das dádivas de Deus. Então, se considerarmos o propósito pelo qual ele criou a comida, concluiremos que ele levou em conta não apenas a nossa necessidade, como também nosso prazer e deleite. Assim também foi com as roupas: o propósito era nosso adorno e honra, assim como nossa necessidade. No caso das ervas, árvores e frutas, ele levou em consideração os prazeres de sua aparência e o encanto do seu cheiro, além dos seus vários usos. Se não fosse verdade, o profeta não poderia listar entre os benefícios de Deus o vinho, que alegra o coração do homem, e o azeite, que faz sua face brilhar.

> Fazes crescer a relva para os animais e as plantas, para o serviço do homem, de sorte que da terra tire o seu pão, o vinho, que alegra o coração do homem, o azeite, que lhe dá brilho ao rosto, e o alimento, que lhe sustém as forças. (Sl 104.14-15)

Para exaltar a generosidade de Deus, a Escritura não poderia apontar, em diversos lugares, que ele deu essas dádivas aos homens.

Mesmo as qualidades naturais das coisas demonstram quanto e até onde podemos aproveitá-las. Teria o Senhor vestido as flores com tão grande beleza que prontamente nos salta aos olhos se fosse errado encantar-se com isso? Ele as teria adornado com tão doce fragrância que flui livremente por nossas narinas se fosse errado comover-se pelo prazer desse odor? A resposta não é óbvia? Deus não distinguiu as cores de maneira a fazer algumas mais agradáveis do que outras? Novamente pergunto: a resposta não é óbvia? Não está claro que ele fez atrativos o ouro e a prata, o marfim e o mármore, tornando-os mais preciosos do que outros metais e pedras? Em suma, não é óbvio que ele nos deu muitas coisas dignas de louvor, ainda que não sejam necessárias?

Abandonemos, então, aquela filosofia inumana que apenas nos permite usar as coisas criadas que sejam necessárias, uma filosofia que maliciosamente nos priva do gozo legítimo da bondade divina e, por sua própria natureza, reduz o homem a um bloco de madeira, privado de todos os seus sentidos. Ainda assim, não devemos nos opor com menos diligência aos nossos desejos carnais, que correrão soltos se não forem mantidos em rédea curta. Como notado acima, devemos entender também que há aqueles que encorajam os desejos da carne, não negando a si qualquer coisa, sob o pretexto de liberdade.

Para começar, o desejo é refreado quando tomamos conhecimento de que todas as coisas dadas a nós nos são dadas para que conheçamos seu autor. Isso nos conduz à gratidão pela benevolência dele para conosco. Mas como podemos ser gratos se bebemos vinho e nos satisfazemos tanto nele, que ficamos atordoados, incapazes de cumprir os deveres de piedade para os quais fomos chamados? Como podemos conhecer a Deus se a nossa carne, transbordando de excesso de indulgência para com nossos desejos mais básicos, infecta nossa mente de tal maneira com a sua corrupção, que não podemos discernir o que é certo e honroso? Como pode haver gratidão a Deus pela vestimenta se, por causa de nossas roupas elegantes e caras, tanto admiramos a nós mesmos como desprezamos os outros? E quando deixamos a elegância e o estilo abrir a porta para a imoralidade sexual? Como pode haver conhecimento de Deus se nossa mente está enfeitiçada pelo esplendor de suas dádivas?

Muitas pessoas devotam tanto seus sentidos aos prazeres, que sua mente está afundada neles. Muitas são tão fascinadas em mármores, ouro e pinturas, que acabam se transformando, por assim dizer, em mármore, metal ou pinturas. O aroma da cozinha ou os doces odores as paralisam tanto, que perdem todo o sentido espiritual do olfato, e o mesmo se dá com os sentidos remanescentes. É evidente, então, que, em nossas presentes circunstâncias, devemos restringir consideravelmente a liberdade que nos leva ao abuso. Devemos, antes, nos conformar à regra de Paulo, de modo que não ofereçamos nada à carne para satisfazer os seus desejos.

> [...] mas revesti-vos do Senhor Jesus Cristo e nada disponhais para a carne no tocante às suas concupiscências. (Rm 13.14)

Afinal, se os desejos da carne forem deixados à rédea solta, irromperão sem limite nem restrição.

Não há caminho mais seguro ou confiável para nós do que o desprezo desta vida presente e a meditação sobre a imortalidade celestial. Dois princípios se seguem disso, para que aqueles que usam este mundo não sejam afetados por ele. Primeiramente, aqueles que têm esposa vivam como se não tivessem nenhuma; aqueles que compram, façam-no como se não estivessem comprando (1Co 7.29, 31). Assim ensina Paulo. Que os crentes aprendam a suportar a escassez com a mesma calma e paciência com que gozam da abundância — e tudo com moderação. Aquele que busca agarrar-se às coisas deste mundo com moderação mortifica o próprio apetite imoderado por comida e bebida. Ele mortifica a covardia, a ambição, o orgulho, a arrogância e a insatisfação quanto à sua mesa, suas posses, suas roupas. Com efeito, mortifica todo cuidado e afeição que podem levá-lo a desviar-se ou impedir sua meditação sobre a vida celestial e seu zelo pelo aperfeiçoamento da própria alma.

O que Catão disse há muito tempo é verdade: "O luxo produz muitas preocupações e muita falta de cuidado com a virtude"[1]. Há também um antigo provérbio que afirma: "Aqueles que estão muito preocupados com o corpo geralmente negligenciam a alma". Portanto, mesmo que a liberdade dos crentes quanto às coisas externas não

---

1 Essa citação é atribuída a Catão na obra de Amiano Marcelino sobre a história romana, *Res Gestae*.

possa sujeitar-se a uma fórmula fixa, deve ser sujeita a esta regra: que se permitam muito pouco. Antes, que, por uma intenção perpétua do coração, procurem eliminar seus estoques de riqueza supérflua e refrear a extravagância, precavendo-se de não tornar em obstáculos as coisas que lhes foram dadas para seu auxílio.

Como um segundo princípio, aqueles que têm poucas posses devem aprender a suportar pacientemente suas circunstâncias humildes, não ficando agitados com anseios excessivos por coisas. Aqueles que mantêm tal regra fizeram muito progresso na escola do nosso Senhor, mas aqueles que não a seguem dão pouca prova de que são discípulos de Cristo. De fato, vícios numerosos acompanham os anseios pelas posses mundanas. Além disso, aquele que não suporta a pobreza é mais propenso a exibir o vício oposto durante a prosperidade. Por exemplo, aqueles que se envergonham de suas roupas baratas se orgulharão das suas caras. O insatisfeito com a sua refeição simples, inquieto de desejo por algo mais significativo, abusará de melhores comidas pela sua falta de domínio próprio. Aquele que luta para suportar seu estado humilde e comum, agitado em espírito, não conseguirá restringir sua arrogância ao obter honra. Portanto, que todos aqueles que genuinamente buscam piedade esforcem-se para aprender, de acordo com o exemplo do apóstolo, tanto a padecerem fome quanto a estarem satisfeitos, tanto a terem muito quanto a sofrerem pobreza.

> Tanto sei estar humilhado como também ser honrado; de tudo e em todas as circunstâncias, já tenho experiência, tanto de fartura como de fome; assim de abundância como de escassez [...]. (Fp 4.12)

Ademais, a Escritura tem uma terceira regra pela qual regula nosso uso das coisas mundanas. Eu disse algo sobre isso previamente quando lidamos com as regras do amor.[2] A Escritura nos ensina que tudo o que possuímos — tudo o que foi provido para o nosso benefício — nos foi dado pela bondade de Deus, para que tudo o que possuímos seja como um depósito do qual devemos um dia prestar contas. Logo,

---

2 Calvino refere-se aqui à sua discussão prévia nas *Institutas* 3.7.5.

precisamos administrar nossas posses como se estas palavras soassem constantemente em nossos ouvidos: "Presta contas da tua administração" (Lc 16.2). Ao mesmo tempo, devemos lembrar quem tomará as contas que prestamos, a saber, aquele que tanto recomenda o domínio próprio, a sobriedade, a frugalidade e a modéstia quanto condena a luxúria, o orgulho, a ostentação e a vaidade; aquele que não aprova o uso das posses sem amor; aquele que já condenou com sua própria boca quaisquer prazeres que afastem o coração do homem da integridade e pureza ou turvem seus pensamentos.

Finalmente, note-se que o Senhor manda que cada um de nós considere, em todas as ações da vida, seu chamado; pois ele sabe o quanto a natureza humana é inclinada à inquietação. Ele conhece a inconstância com que ela é levada por este ou aquele caminho. Conhece o desejo e a ambição com que ela abraça objetos opostos entre si. Portanto, para que, por nossa loucura e imprudência, não produzamos confusão massiva, ele ordenou deveres particulares para cada um em sua posição na vida. E, a fim de que ninguém dê um passo além de seus limites, ele identificou várias posições na vida como chamados. A posição de cada indivíduo na vida é, portanto, um tipo de posto designado pelo Senhor, para o impedir de correr solto por toda a sua vida. Essa distinção que ele aplicou às nossas posições na vida é tão necessária, que todas as nossas ações são julgadas em relação a isso. Esse julgamento de nossas ações em relação ao nosso chamado é frequentemente muito diverso do julgamento que a razão humana ou a filosofia fazem. Os filósofos não consideram nenhum feito mais nobre do que libertar um país de um tirano. Não obstante, o cidadão comum que coloca suas mãos em um tirano é abertamente condenado pela voz de um Juiz celestial.

No entanto, não quero perder tempo com exemplos numerosos sobre essa questão. É suficiente reconhecermos que nosso chamado feito pelo Senhor é o princípio e o fundamento das boas obras em todos os nossos afazeres. Aquele que não regula suas ações segundo o seu chamado nunca seguirá o caminho correto em seus deveres. Talvez ele faça, ocasionalmente, coisas que sejam louváveis em aparência, mas estas, seja qual for o valor que tenham diante dos homens, serão rejeitadas diante do trono de Deus. Tampouco haverá consistência em suas ações nas várias esferas de sua vida.

Por consequência, aquele que se direciona para o alvo de observar o chamado de Deus terá uma vida bem serena. Livre de impulsos precipitados, ele não tentará ultrapassar o próprio chamado. Entenderá que não deve ir além de seus limites. Quem vive em obscuridade terá uma vida comum sem reclamação, a fim de que não seja culpado de abandonar o posto que lhe foi divinamente designado. De fato, em meio aos problemas, dificuldades, aborrecimentos e outros fardos, ele encontrará grande alívio quando lembrar-se de que Deus é seu guia em todos esses assuntos. O magistrado cumprirá muito alegremente os seus deveres. O pai se comprometerá muito alegremente com as suas responsabilidades. Cada pessoa, em qualquer posição da vida, suportará e superará os problemas, inconveniências, desapontamentos e ansiedades, convencida de que seu fardo lhe foi colocado por Deus. Grande consolação virá de tudo isso, já que todo trabalho feito em obediência ao chamado divino individual, não obstante quão ordinário e comum seja, é glorioso e valiosíssimo aos olhos do nosso Senhor.

Índice bíblico

Gênesis
17.1-2   45
22.11-12 110
Êxodo
23.19   74
Deuteronômio
32.15   113
1 Reis
9.4-5   45
Salmos
16.2-3   75
30.6-7   105
41.12   45
73.16-17 166
79.13   94
104.14-15 175
119.71   144
131.1-2   92
Provérbios
3.11-12   117
Isaías
25.8   164
Malaquias
1.6   38
Mateus
3.17   100
5.4   128
5.10   120

5.44	79	21.18	130
6.5-6	58	**Atos**	
6.10	84	5.41	121
6.16	58	**Romanos**	
16.24	57, 99	5.3-4	106
17.5	100	7.24	156
21.31-32	59	8.19	159
26.28	128	8.28	134
26.38	129	8.29	101
Lucas		8.36	163
16.2	185	12.1-2	52
17.3-4	79	12.10	64
21.28	162n4	13.14	179
22.44	128	14.8	156
João		**1 Coríntios**	
3.27	90	4.7	14
15.3-6	39	6.11	39
16.20	128	6.15	39

7.29	180	5.1	38
7.29-31	170-71	5.23-33	39
7.31	180	5.26	39
11.32	116	**Filipenses**	
13.4-5	17n2	1.23-24	156
15.19	163	2.3	65
2 Coríntios		3.10	102
4.8-9	126	4.12	184
5.2-4	159	**Colossenses**	
5.6	155	3.1	40
6.8	124	**1 Tessalonicenses**	
Gálatas		5.23	40
2.20	55	**2 Tessalonicenses**	
6.10	77	1.6-7	165
Efésios		**1 Timóteo**	
4.20-24	42	4.10	124
4.23	54	**Tito**	
		2.11-14	61, 64, 162

A essência da piedade

Hebreus

5.8	100
10.10	39
12.8	118
13.14	179
13.16	75

Tiago

1.17	68
4.14	146

1 Pedro

1.15	39
1.19	39
4.10	72
4.14	123

1 João

3.1	38

Apocalipse

7.17	164

Sobre a tradução da edição em inglês

O Dr. Aaron Clay Denlinger é chefe do departamento de Latim na Arma Dei Academy, em Highlands Ranch, Colorado, professor adjunto de História da Igreja no Westminster Theological Seminary, na Filadélfia, e pesquisador no Programa de Estudos Puritanos da Universidade de Free State, na África do Sul. Ele serviu previamente como professor assistente de História da Igreja na Universidade de Aberdeen, na Escócia. É autor ou editor de numerosos livros, ensaios e artigos sobre teologia moderna.

A essência da piedade

O Dr. Burk Parsons é pastor sênior na Saint Andrew's Chapel, em Sanford, Flórida, diretor de publicação no Ligonier Ministries, editor da revista *Tabletalk* e professor assistente no Ligonier Ministries. Ele é também professor visitante no Reformed Theological Seminary. É autor de *Why Do We Have Creeds?* e editor de *John Calvin: A Heart for Devotion, Doctrine, and Doxology* e *Assured by God: Living in the Fullness of God's Grace*.

BIBLIOTECA LIGONIER

O Ministério Ligonier é uma organização internacional de discipulado cristão, fundada pelo Dr. R.C. Sproul, em 1971, com o intuito de proclamar, ensinar e defender a santidade de Deus em sua totalidade para o maior número de pessoas possível.

Motivado pela Grande Comissão, o Ministério Ligonier compartilha globalmente recursos em formatos impressos e digitais. Livros, artigos e cursos têm sido traduzidos ou dublados para mais de quarenta línguas. Nosso alvo é apoiar a igreja de Jesus Cristo, ajudando cristãos a compreenderem, viverem e compartilharem o que creem.

pt.Ligonier.org
Facebook.com/LigonierPor

FIEL
MINISTÉRIO

O Ministério Fiel visa apoiar a igreja de Deus, fornecendo conteúdo fiel às Escrituras através de conferências, cursos teológicos, literatura, ministério Adote um Pastor e conteúdo online gratuito.

Disponibilizamos em nosso site centenas de recursos, como vídeos de pregações e conferências, artigos, e-books, audiolivros, blog e muito mais. Lá também é possível assinar nosso informativo e se tornar parte da comunidade Fiel, recebendo acesso a esses e outros materiais, além de promoções exclusivas.

Visite nosso site
www.ministeriofiel.com.br

Esta obra foi composta em AJensonPro Regular 10, e impressa na Promove Artes Gráficas sobre o papel Polen 70g/m², para Editora Fiel, em Maio de 2025